Recettes
faibles en gras

Recettes faibles en gras

Plus de 70 délicieuses recettes santé

 **Broquet**

97-B, Montée des Bouleaux, Saint-Constant, Qc, Canada J5A 1A9,
Internet : www.broquet.qc.ca   Courriel : info@broquet.qc.ca
Tél. : 450 638-3338   Téléc. : 450 638-4338

Catalogage avant publication de
Bibliothèque et Archives nationales du Québec
et Bibliothèque et Archives Canada

Vedette principale au titre :

   Recettes faibles en gras

   (À propos)
   Traduction de : Low fat.
   Comprend un index.

   ISBN 978-2-89654-004-4

      1. Régimes hypolipidiques - Recettes. I. Roby, Jean.
II. Collection: À propos (Broquet (Firme)).

RM237.7.L6814 2008   641.5'6384   C2008-940886-1

**Pour l'aide à la réalisation de son programme éditorial,
l'éditeur remercie :** le Gouvernement du Canada par l'entremise du
Programme d'aide au développement de l'industrie de l'édition
(PADIÉ) ; la Société de développement des entreprises culturelles
(SODEC) ; l'Association pour l'exportation du Livre Canadien (AELC) ;
le Gouvernement du Québec – Programme de crédit d'impôt pour
l'édition de livres – Gestion SODEC.

Titre original : Low Fat
Première publication en Grande-Bretagne en 2007, par
Hamlyn, une division de Octopus Publishing Group Ltd
2-4 Heron Quays, Londres E14 4JP

Copyright © Octopus Publishing Group Ltd 2007

Pour la version en langue française :
Tous droits réservés © Broquet Inc. Ottawa 2008
Dépôts légal - Bibliothèque et archives nationales du Québec
3ᵉ trimestre 2008

Traducteur : Jean Roby
Révision : Lise Lortie, Audrey Lévesque
Infographie : Annabelle Gauthier

Imprimé en Chine

ISBN 978-2-89654-004-4

Notes

Les mesures métriques et impériales accompagnent
chaque recette. N'utilisez qu'un ensemble de
mesures et non un mélange des deux.

La viande et la volaille doivent être bien cuites.
Pour vérifier la cuisson appropriée de la volaille,
percez la chair à l'endroit le plus épais à l'aide
d'une brochette ou d'une fourchette – le jus qui
s'en écoulera doit être clair, jamais rosé ou rouge.

Ce livre comprend des plats contenant des noix et
des produits dérivés de celles-ci. Il est recommandé
aux personnes sujettes à des réactions allergiques
aux noix et à leurs produits dérivés et aux personnes potentiellement sujettes à de telles aller-
gies, telles les femmes enceintes ou allaitant, les
invalides, les gens âgés, les bébés et les enfants,
d'éviter les plats contenant des noix et des huiles
de noix. Il est aussi avisé d'examiner l'étiquette des
ingrédients préparés afin de s'assurer qu'ils ne
contiennent aucun produit dérivé des noix.

Santé Canada recommande de ne pas consommer
d'œufs crus. Ce livre contient certains plats faits
avec des œufs crus ou légèrement cuits. Il est plus
prudent pour les personnes les plus à risque, telles
les femmes enceintes ou allaitant, les invalides, les
gens âgés, les bébés et les enfants, d'éviter les plats
contenant des œufs crus ou des oeufs légèrement cuits.

Toutes les recettes de ce livre ont été analysées par
un nutritionniste professionnel. L'analyse réfère à
une portion.

Contenu

Introduction   6

Hors-d'œuvre, entrées et
plats d'accompagnement   8

Poissons et fruits de mer   40

Viandes, volailles et gibiers   64

Plats végétariens   90

Desserts   104

Index   126

Remerciements   128

Introduction

Faible teneur en gras, mais beaucoup de saveur !

Bien des gens présument que des aliments à faible teneur en gras n'auront pas bon goût. Ils pensent qu'ils devront sacrifier la saveur et n'apprécieront pas autant leurs repas qu'auparavant. Bien sûr, ça ne tient pas debout – en fait, le contraire est souvent vrai. Comme certains ingrédients sont réduits ou absents des recettes à faible teneur en gras, les plats ont tendance à être plus créatifs et incluent de merveilleux assaisonnements qui se substituent au beurre, à la crème et aux huiles. Les recettes à faible teneur en gras contiennent beaucoup d'épices aromatiques, d'herbes fraîches odorantes et de saveurs d'agrumes. De plus, l'abondance de fruits et de légumes de saison, de haricots frais ou secs, de poissons et de viandes maigres devrait vous permettre de constituer un vaste répertoire de recettes gorgées de saveurs à portée de la main.

Ce livre réunit une sélection de délicieux plats qui devraient plaire à tous. Vous ne saurez pas vraiment que vous mangez des repas à faible teneur en gras. En outre, comme nombre d'entre eux se préparent en un rien de temps, ils s'intègrent aisément à un mode de vie actif. Sans investir des heures à préparer des aliments, vous mangerez des repas délicieux et sains chaque jour.

La vie et la faible teneur en gras

Un régime à faible teneur en gras devrait impliquer beaucoup plus que de simples corrections à vos habitudes alimentaires. Pour vraiment profiter des avantages du nouveau régime alimentaire, vous devez le combiner à des changements positifs dans tout votre mode de vie. Que ce soit pour perdre un petit excès de poids, avoir plus d'énergie ou juste vous sentir en meilleure santé, vous devriez idéalement combiner un régime bien équilibré à de l'exercice sur une base régulière. Il ne suffit pas de seulement bien manger : vous avez aussi besoin de stimuler votre rythme cardiaque, tonifier votre métabolisme et améliorer votre bien-être général.

Par conséquent, adopter un régime à faible teneur en gras devrait faire partie d'un effort plus vaste pour améliorer votre façon de vivre. Même en débutant par quelque chose de facile – par exemple, vous inscrire à un cours de conditionnement physique ou descendre de l'autobus un arrêt plus tôt pour faire le reste du trajet à pied – vous vous sentirez beaucoup mieux.

Quand vous aurez apporté de simples changements à votre régime et à votre mode de vie, vous en récolterez vite les bénéfices et vous aurez pris de bonnes habitudes pour toute votre vie.

Cuisiner : une manière de vivre

Il y a quelques règles simples à observer quand on passe à un régime à faible teneur en gras. Que vous cuisiniez, mangiez au restaurant ou prépariez en vitesse un sandwich, il est bon de les garder en mémoire. Bien sûr, toutes les bonnes règles sont faites pour être transgressées de temps à autre, sinon la vie serait extrêmement ennuyante sans une gâterie ou deux à l'occasion. Ne vous privez donc pas du morceau de gâteau ou du carré de chocolat occasionnel. Tant qu'ils restent des exceptions, vous pouvez vous les offrir.

Ayez à l'esprit les lignes de conduite ci-dessous quand vous choisissez des recettes et décidez des aliments qui garniront votre garde-manger.

Réduisez votre consommation de gras saturés

Nous avons tous besoin d'une certaine quantité de gras dans notre régime, mais il importe de consommer la bonne sorte. Les gras saturés peuvent augmenter votre taux de cholestérol, ce qu'il faut éviter autant que possible. Bannissez la nourriture et les collations très grasses et essayez d'éviter la cuisson au beurre ou au saindoux. Les gras non saturés sont généralement d'origine végétale et constituent une meilleure option pour cuisiner. Inspirez-vous de la cuisine méditerranéenne et utilisez de l'huile d'olive pour la cuisson.

Optez pour la faible teneur en gras

Voici un moyen facile pour réduire le gras sur-le-champ. Achetez simplement les variétés écrémées ou légères de votre lait et de votre yogourt habituels. Optez pour du fromage cottage plutôt que du cheddar pour garnir vos sandwichs et napper vos pommes de terre au four. La crème 15 % et le yogourt léger remplacent bien la crème à fouetter.

Mangez de saines collations

Il n'est pas dit que manger entre les repas soit une mauvaise chose. Un morceau de fruit ou une tranche de pain complet grillé vous donneront le surcroît d'énergie nécessaire en milieu d'après-midi. Si vous travaillez dans un bureau, gardez un bol de fruits séchés et de noix à portée de la main pour ne pas succomber à la tentation des croustilles ou des biscuits.

Bannissez la poêle à frire

Grillez ou cuisez au four le poisson et le poulet et cuisez les légumes à la vapeur pour conserver leurs vertus. Vous pouvez acheter un cuit-vapeur électrique muni de compartiments pour divers aliments ou, à la place, un cuit-vapeur à plateaux posé sur une casserole, qui donnera d'aussi bons résultats.

Planifiez vos repas

On dit souvent de ne pas faire l'épicerie en ayant le ventre vide, parce que la tentation est alors plus grande de remplir le chariot avec des friandises. Dans le même ordre d'idées, il est préférable de faire ses achats en ayant en tête les repas anticipés. Bien sûr, vous ne saurez prévoir chaque recette et collation, mais il vaut la peine de songer quelques minutes aux principaux repas et de dresser la liste de leurs ingrédients. Ainsi, vous saurez que vous avez tout ce qu'il faut avant de vous mettre à cuisiner.

Les recettes de ce livre illustrent la vaste palette de saveurs et d'ingrédients dont vous disposez tout en suivant un régime à faible teneur en gras. Il y a des idées de hors-d'oeuvre, de poissons et de fruits de mer, de viandes et de plats végétariens, de même que de nombreux desserts. Régalez-vous des irrésistibles Brochettes de poisson à la citronnelle (voir à la page 54), de la Casserole de gibier (voir à la page 84) et du Risotto à la roquette (voir à la page 98). Savourez des aliments aux goûts fantastiques tout en vous dirigeant vers un nouveau mode de vie plus sain.

Hors-d'œuvre, entrées et plats d'accompagnement

Soupe au poivron rouge et au gingembre

Temps de préparation :
20 minutes, plus le temps
de refroidissement
Temps de cuisson : **45 minutes**
Donne **4 portions**

3 poivrons rouges, coupés en deux,
le coeur et les pépins enlevés
1 oignon rouge en quartiers
2 gousses d'ail, non pelées
1 cuillère à thé d'huile d'olive
5 cm (2 pouces) de racine de
gingembre frais, pelé et râpé
1 cuillère à thé de cumin moulu
1 cuillère à thé de coriandre
moulue
1 grosse pomme de terre,
coupée en morceaux
1 l (4 tasses) de bouillon
de légumes
Sel et poivre
4 cuillères à table de fromage
frais à faible teneur en gras,
pour servir

1 Mettez les poivrons, l'oignon et l'ail dans un plat de métal à revêtement antiadhésif. Rôtissez dans un four préchauffé à 200 °C (400 °F), thermostat 6, pendant 40 minutes ou jusqu'à ce que la peau des poivrons soit cloquée et que l'oignon et l'ail soient tendres. Si les quartiers d'oignon brunissent trop, couvrez-les avec les moitiés de poivrons.

2 Pendant ce temps, chauffez l'huile dans une casserole et faites frire le gingembre, le cumin et la coriandre à feu doux 1 à 2 minutes ou jusqu'à ce qu'ils soient tendres. Ajoutez la pomme de terre et brassez bien ; salez et poivrez au goût, puis versez dans le bouillon. Couvrez et laissez mijoter 30 minutes.

3 Sortez les légumes du four. Mettez les poivrons dans un sac en plastique, fermez-le bien et laissez refroidir (la vapeur qui se forme dans le sac aidera à détacher plus facilement la peau quand les poivrons seront refroidis). Ajoutez les oignons au mélange de pomme de terre ; extrayez délicatement la purée d'ail et ajoutez-la dans la casserole. Pelez les poivrons et ajoutez-les dans la soupe, sauf une moitié. Laissez mijoter 5 minutes.

4 Versez la soupe dans un mélangeur ou un robot de cuisine et mélangez, en plusieurs fois si nécessaire, pendant quelques secondes ou jusqu'à ce que le mélange soit très onctueux. Comme solution de rechange, passez la soupe au tamis pour obtenir une purée. Remettez dans la casserole et, au besoin, éclaircissez avec un peu d'eau pour obtenir la consistance désirée.

5 Servez la soupe à la louche dans des bols chauds. Tranchez le piment qui reste et disposez-le sur le dessus de chaque bol de soupe avec une cuillerée de fromage frais.

Matières grasses : 2 g
Glucides : 21 g
Protéines : 6 g
Énergie : 112 cal (473 kj)

Soupe à la courge musquée et au romarin

Temps de préparation :
15 minutes
Temps de cuisson :
1 heure 10 minutes
Donne **4 portions**

1 courge musquée
Quelques brins de romarin, et
    un peu plus pour la garniture
150 g (5 onces) de lentilles, lavées
1 oignon, finement haché
1 l (4 tasses) de bouillon
    de légumes
Sel et poivre

1 Coupez la courge en deux et servez-vous d'une cuillère pour retirer les graines et la chair fibreuse. Coupez la courge en petits morceaux et mettez les morceaux dans un plat de métal à revêtement antiadhésif. Saupoudrez de romarin, puis salez et poivrez au goût. Rôtir dans un four préchauffé à 200 °C (400 °F), thermostat 6, pendant 45 minutes.

2 Pendant ce temps, mettez les lentilles dans une casserole. Couvrez avec de l'eau, puis amenez à ébullition et laissez bouillir rapidement 10 minutes. Égouttez et remettez les lentilles dans une casserole propre avec l'oignon et le bouillon ; laissez mijoter 5 minutes. Assaisonnez au goût.

3 Sortez la courge du four et, à l'aide d'une cuillère, enlevez la chair de la peau. Écrasez la chair avec une fourchette et ajoutez-la à la soupe. Laissez mijoter 25 minutes, puis servez à la louche dans des bols chauds. Garnissez de romarin avant de servir.

Matières grasses : 1 g
Glucides : 26 g
Protéines : 10 g
Énergie : 146 cal (614 kj)

Soupe au miso rapide et facile

Temps de préparation :
5 minutes
Temps de cuisson : **10 minutes**
Donne **4 portions**

1 l (4 tasses) de bouillon de
  légumes
2 cuillères à table de pâte de miso
125 g (4 onces) de champignons
  shiitake, tranchés
200 g (7 onces) de tofu (pâte de
  soja), en dés

[Le miso (prononcé « misso ») est
un aliment japonais traditionnel
se présentant sous forme de pâte
fermentée, à forte teneur en
protéines, au goût très prononcé
et très salé. Sa couleur varie du
beige, ou jaune pâle, au brun
chocolat foncé ; sa texture s'apparente à celle du beurre d'ara-
chides. Il est composé de grains
de soya, de riz ou d'orge, de sel
marin, d'eau et d'un ferment
appelé kôji. Selon la variété, le
miso fermente quelques semaines,
voire jusqu'à trois ans.]

1 Mettez le bouillon dans une casserole et chauffez
jusqu'à ce qu'il mijote.

2 Ajoutez la pâte de miso, les champignons shiitake et
le tofu (pâte de soja) au bouillon et laissez mijoter 5 minutes. Servez la soupe à la louche dans des bols chauds.

Matières grasses : 3 g
Glucides : 2 g
Protéines : 6 g
Énergie : 56 cal (231 kj)

Soupe piquante et aigre aux champignons

Temps de préparation : **5 minutes**
Temps de cuisson : **15 minutes**
Donne **4 portions**

1 l (4 tasses) de bouillon de
  poisson
1 tige de citronnelle, légèrement
  écrasée
3 feuilles fraîches de citron vert
  thaïlandais ou 3 morceaux de
  zeste de lime
2 piments rouges thaï, coupés en
  deux, épépinés
2 cuillères à table de jus de lime
2 cuillères à table de sauce de
  poisson thaï
50 g (2 onces) de pousses de
  bambou
125 g (4 onces) de pleurotes
2 oignons de printemps, finement
  tranchés
½ piment rouge, tranché, pour
  la garniture

[Appelé aussi combava, lime de
Kaffir, makrut et papeda de l'Île
Maurice, le citron vert thaïlandais
est, en réalité, originaire de l'Inde.]

1 Versez le bouillon dans une casserole et ajoutez la citronnelle, les feuilles de citron vert ou le zeste, et les piments. Faites mijoter 10 minutes.

2 Tamisez le liquide dans une casserole propre. Mettez de côté un petit piment rouge et jetez le restant des assaisonnements. Ajoutez à la soupe le jus de lime et la sauce de poisson, les pousses de bambou, les champignons et le piment rouge mis de côté.

3 Laissez mijoter la soupe 5 minutes, puis transférez à la louche dans des bols chauds. Parsemez d'oignons de printemps et servez en garnissant chaque bol de tranches de piment rouge.

Matières grasses : 0 g
Glucides : 3 g
Protéines : 2 g
Énergie : 23 cal (97 kj)

Soupe aux légumes-racines rôtis

Temps de préparation :
10 minutes
Temps de cuisson :
1 heure 5 minutes
Donne **6 portions**

4 carottes, hachées
2 navets, hachés
1 poireau, finement haché
1 l (4 tasses) de bouillon
  de légumes
2 cuillères à thé de thym
Sel et poivre
Brins de thym, pour la garniture

1 Mettez les carottes et les navets dans un plat de métal à revêtement antiadhésif, salez et poivrez, puis rôtissez au four préchauffé à 200 °C (400 °F), thermostat 6, pendant 1 heure ou jusqu'à ce que les légumes soient tendres.

2 Environ 20 minutes avant la fin de cuisson des légumes, mettez le poireau dans une grande casserole avec le bouillon et 1 cuillère à thé de thym. Faites mijoter, à couvert, 20 minutes.

3 Transférez les légumes-racines rôtis dans un mélangeur ou un robot de cuisine et mélangez (ou passez au tamis) ; ajoutez un peu de bouillon au besoin. Transférez la purée dans la casserole et vérifiez l'assaisonnement. Ajoutez le reste de thym, brassez la soupe et laissez mijoter 5 minutes.

4 Servez à la louche dans des bols chauds, avec des brins de thym frais pour garniture.

Matières grasses : 1 g
Glucides : 12 g
Protéines : 2 g
Énergie : 60 cal (254 kj)

Champignons au four

Temps de préparation : **5 minutes**
Temps de cuisson : **40 minutes**
Donne **4 portions**

5 champignons de couche
  à gros chapeaux
4 cuillères à table de vinaigre
  balsamique
1 cuillère à table de grains
  de moutarde
75 g (3 onces) de cresson
Sel et poivre
Copeaux de fromage parmesan,
  pour garnir (facultatif)

1 Enlevez et mettez de côté les pieds de 4 champignons. Placez les 4 têtes de champignons, la peau vers le bas, dans un petit plat de métal à revêtement antiadhésif et cuisez au four préchauffé à 200 °C (400 °F), thermostat 6, pendant 15 minutes.

2 Pendant ce temps, préparez la garniture. Hachez finement le champignon mis de côté et les pieds et mélangez-les au vinaigre et à la moutarde dans un bol. Salez et poivrez au goût.

3 Sortez les champignons du four et, à la cuillère, mettez un peu de la garniture sur chacun. Remettez les champignons au four et continuez la cuisson pendant 25 minutes, en couvrant le plat d'une feuille d'aluminium après 10 minutes.

4 Quand les champignons sont cuits, transférez-les dans une assiette et gardez-les au chaud. Trempez le cresson dans le jus de cuisson chaud et tournez bien. À la cuillère, déposez des tas de cresson dans 4 assiettes chaudes. Mettez un champignon sur le dessus et décorez de copeaux de parmesan, au goût.

Matières grasses : 3 g
Glucides : 1 g
Protéines : 4 g
Énergie : 42 cal (177 kj)

Poivrons méditerranéens

Temps de préparation :
10 minutes
Temps de cuisson : **1 heure**
Donne **4 portions**

2 poivrons rouges et 2 poivrons
jaunes, coupés en deux, le cœur
et les pépins enlevés, mais les
tiges intactes
24 tomates cerises, coupées
en deux
2 gousses d'ail, finement tranchées
40 g (1½ once) de câpres en
saumure, égouttées et rincées
1 bouquet de basilic
30 ml (2 cuillères à table)
d'huile d'olive
Poivre
Mesclun, pour servir

[Mot originaire de Provence, le
mesclun désigne un mélange de
feuilles de salade diverses.]

1 Mettez les poivrons en mélange, la partie coupée vers le haut, dans un plat de cuisson peu profond. Divisez les tomates cerises, les tranches d'ail et les câpres entre les moitiés de poivrons. Ajoutez quelques feuilles de basilic, puis vaporisez légèrement chaque poivron d'huile d'olive et poivrez.

2 Versez environ 300 ml (1¼ tasse) d'eau dans le fond du plat pour empêcher les poivrons de coller. Couvrez hermétiquement le plat d'une feuille d'aluminium et cuisez au four préchauffé à 180 °C (350 °F), thermostat 4, pendant 20 minutes. Enlevez la feuille d'aluminium et réduisez la température à 150 °C (300 °F), thermostat 2, et cuisez encore 40 minutes ou jusqu'à ce que les poivrons soient tendres.

3 Garnissez les poivrons avec le restant des feuilles de basilic et servez avec le mesclun.

Matières grasses : 8 g
Glucides : 10 g
Protéines : 5 g
Énergie : 128 cal (535 kj)

Aubergines et pain grillé au chili

Temps de préparation :
15 minutes
Temps de cuisson : **10 minutes**
Donne **4 portions**

2 aubergines, environ 550 g
  (1 livre et 2 onces, au total)
2 cuillères à thé d'huile d'olive
50 g (2 onces) de tomates mûries
  à point
2 gousses d'ail, écrasées
4 cuillères à table de jus de citron
Poivre
Feuilles de basilic, pour
  la garniture

Pain grillé au chili
4 tranches de pain multigrain
1 cuillère à table d'huile
  aromatisée au chili

1 Coupez les aubergines dans le sens de la longueur en tranches de 5 mm ($1/4$ de pouce) et poivrez.

2 Préparez le pain grillé au chili. Enlevez les croûtes de chaque tranche et coupez le pain en deux triangles nets. Badigeonnez chaque côté des morceaux de pain d'huile aromatisée au chili, mettez le pain sur une plaque de cuisson et cuisez au four préchauffé à 220 °C (425 °F), thermostat 7, pendant 8 à 10 minutes jusqu'à ce qu'il soit croustillant et doré.

3 Pendant ce temps, huilez un poêlon strié et chauffez-le. Mettez les tranches d'aubergines et les tomates dans une poêle gril avec l'ail et cuisez 4 minutes jusqu'à ce qu'ils commencent à être tendres. Tournez les morceaux d'aubergines et cuisez encore 4 minutes. À la fin, arrosez de jus de citron.

4 Sortez le pain grillé du four et empilez-y des aubergines et des tomates au centre de chaque assiette. Garnissez avec les feuilles de basilic, saupoudrez de poivre et servez.

Matières grasses : 6 g
Glucides : 15 g
Protéines : 4 g
Énergie : 122 cal (513 kj)

Dhal de lentilles corail et raïta de concombre

Temps de préparation :
15 minutes
Temps de cuisson : **30 minutes**
Donne **4 portions**

225 g (7½ onces) de lentilles corail
1 cuillère à table d'huile de colza
1 gros oignon, finement haché
2 gousses d'ail, écrasées
1 cuillère à thé de racine de
   gingembre frais, écrasé
2 piments verts, épépinés et
   finement hachés
4 tomates, finement hachées
½ cuillère à thé de curcuma moulu
1½ cuillère à thé de *garam masala*
500 ml (2 tasses) d'eau bouillante
4 cuillères à table de jus de citron
50 g (2 onces) de feuilles et de
   tiges de coriandre, hachées
Sel
Pains pitas, pour servir

Raïta
10 cm (4 pouces) de concombre,
   râpé
500 ml (2 tasses) de yogourt
   nature à faible teneur en gras
1 cuillère à thé de graines de
   cumin
½ cuillère à thé de poivre noir

Garniture
3 oignons de printemps, les
   tiges vertes seulement, coupées
   en diagonale
½ cuillère à thé de poudre de
   chili rouge

1 Trempez les lentilles dans un bol d'eau chaude. Chauffez l'huile dans un grand poêlon à revêtement antiadhésif avec couvercle et faites sauter l'oignon, l'ail, le gingembre et les piments 3 à 5 minutes. Ajoutez les tomates en brassant et cuisez, en brassant de temps à autre, jusqu'à ce que les tomates commencent à se défaire. Ajoutez le curcuma et le *garam masala*. Couvrez et laissez mijoter en brassant occasionnellement pendant 5 minutes.

2 Égouttez les lentilles et ajoutez-les, avec l'eau bouillante mesurée, dans le poêlon. Brassez bien, couvrez et cuisez 15 à 20 minutes, jusqu'à ce que les lentilles soient tendres, mais non en purée. Ajoutez un petit peu d'eau si le mélange devient trop sec.

3 Pendant ce temps, faites le *raïta*. Égouttez le concombre sur un papier essuie-tout et mettez-le dans un bol avec tous les autres ingrédients ; brassez pour mélanger. Gardez au froid jusqu'au moment de servir.

4 Quand le dhal est cuit, ajoutez en brassant le sel au goût, le jus de citron et la coriandre. Garnissez avec les oignons de printemps et saupoudrez le raïta de poudre de chili. Servez avec des pains pitas.

[En Inde, au Pakistan et au Bangladesh, le dhal désigne à la fois les lentilles et les recettes à base de ce même ingrédient. C'est l'accompagnement idéal en Inde, peu importe le plat.]

[Originaire de l'Inde, le *raïta* est un condiment qui sert à rafraîchir le palais quand on mange des mets très épicés. Il s'apparente au *tzatziki* grec.]

Matières grasses : 5 g
Glucides : 48 g
Protéines : 22 g
Énergie : 316 cal (1336 kj)

Gelées de Bloody Mary avec garniture de salade miniature

Temps de préparation :
 20 minutes, plus le temps
 de refroidissement
Temps de cuisson : **4 à 5 minutes**
Donne **6 portions**

3 cuillères à table d'eau
3 cuillères à thé de gélatine
 en poudre
½ concombre
½ poivron rouge, cœur
 et pépins enlevés
¼ d'oignon rouge
1 branche de céleri
 avec les feuilles
1 tomate
400 ml (1⅔ tasse) de jus de tomate
3 cuillères à table de vodka
8 cuillères à thé de sauce
 Worcestershire
Tabasco ou sauce chili, au goût
Sel et poivre

1 Mettez l'eau dans un petit bol résistant à la chaleur et saupoudrez la gélatine dessus, en vous assurant que toute la poudre est absorbée. Laissez de côté 5 minutes.

2 Coupez et mettez de côté une tranche de concombre de 2,5 cm (1 pouce). Enlevez la moitié de la pelure du concombre restant et jetez-la. Hachez grossièrement la chair du concombre et réduisez-la en purée avec le poivron rouge et les deux tiers de l'oignon rouge dans un mélangeur ou dans un robot de cuisine jusqu'à ce que le mélange soit moelleux.

3 Coupez finement en dés la chair du concombre mis de côté, le restant d'oignon rouge, la branche et les feuilles de céleri et la tomate, et mettez de côté pour la garniture.

4 Mettez le bol de gélatine dans une petite casserole à moitié remplie d'eau et faites mijoter 4 à 5 minutes jusqu'à ce que la gélatine soit dissoute.

5 Mêlez la purée de légumes avec le jus de tomate, la vodka et les 4 cuillères à thé de sauce Worcestershire. Mêlez-y la sauce Tabasco ou la sauce chili, puis salez et poivrez au goût. Petit à petit, faites couler la gélatine dissoute en un mince filet dans le mélange, en brassant. Versez le mélange à la tomate dans 6 petits moules et réfrigérez 4 heures, ou jusqu'à ce que ce soit pris.

6 Trempez chaque moule dans l'eau bouillante, comptez jusqu'à cinq, décollez le haut et renversez le moule sur une assiette de service. En tenant le moule et l'assiette, secouez pour décoller et soulevez le moule. À la cuillère, entourez chaque gelée de légumes finement coupés, versez-y le restant de sauce Worcestershire, puis servez.

Matières grasses : 0 g
Glucides : 5 g
Protéines : 2 g
Énergie : 44 cal (187 kj)

Salade de blé bulgur avec yogourt épicé

Temps de préparation :
20 minutes, plus le temps
de trempage et de repos
Donne **2 portions**

125 g (4 onces) de blé bulgur
4 grosses prunes, dénoyautées
et chacune coupées en
8 tranches environ
1 gousse d'ail, écrasée
1 oignon rouge, finement haché
25 g (1 once) de persil italien,
haché
Une poignée de menthe, hachée
2 cuillères à table d'huile d'olive
4 cuillères à table de jus de citron
Sel et poivre

Yogourt épicé
4 cuillères à table de yogourt
nature à faible teneur en gras
1 gousse d'ail, écrasée
½ cuillère à thé de poivre de
cayenne
½ cuillère à thé de pâte de tomate
Ciboulette, finement hachée
pour garnir

1 Mettez le blé bulgur dans un grand bol, couvrez-le d'eau et mettez-le de côté pendant 30 minutes pour qu'il gonfle. Égouttez l'excès d'eau du blé bulgur et pressez-le à la main afin de l'assécher.

2 Mêlez tous les autres ingrédients au bulgur, puis faites reposer la salade au réfrigérateur au moins 30 minutes, afin que les saveurs se développent.

3 Préparez le yogourt épicé en mêlant tous les ingrédients. Servez la salade de bulgur accompagnée du yogourt épicé dans des bols individuels, garnis de ciboulette finement hachée.

Matières grasses : 7 g
Glucides : 38 g
Protéines : 6 g
Énergie : 230 cal (965 kj)

Salade de pois chiches et d'olives

Temps de préparation :
10 minutes
Donne **4 portions**

250 g (8 onces) de pois chiches,
   égouttés
50 g (2 onces) d'olives noires
   dénoyautées, coupées en deux
½ oignon rouge, finement haché
150 g (5 onces) de tomates cerises,
   coupées en deux
3 cuillères à table de persil italien
   haché, et plus pour la garniture
50 g (2 onces) de feuilles de
   cresson, pour servir

Garniture au yogourt
1 gousse d'ail, écrasée
100 ml (environ ⅓ de tasse)
   de yogourt grec à faible
   teneur en gras
Jus de ½ lime
Poivre

[Qu'il soit fait de lait de brebis
ou de lait de vache, le yogourt
grec a une consistance plus cré-
meuse et plus veloutée que d'autres yogourts, mais son goût est
plus prononcé. De nombreux con-
naisseurs s'accordent à dire que
le yogourt grec se prête mieux à
la cuisine que les autres.]

1 En premier, préparez la garniture. Mélangez l'ail,
le yogourt et le jus de lime. Poivrez au goût.

2 Mêlez les pois chiches, les olives, l'oignon, les tomates
et le persil. Ajoutez la garniture au mélange de pois
chiches et mêlez parfaitement.

3 Servez la salade sur un lit de feuilles de cresson,
garnie de persil haché.

Matières grasses : 4 g
Glucides : 33 g
Protéines : 7 g
Énergie : 122 cal (516 kj)

Salade de lentilles à la salsa verte

Temps de préparation :
15 minutes
Temps de cuisson : **45 minutes**
Donne **4 portions**

1 cuillère à thé d'huile d'olive
1 petit oignon, finement haché
300 g (10 onces) de lentilles
   du Puy
500 ml (2 tasses) de bouillon
   de légumes
200 g (7 onces) de tomates
   cerises, hachées
1 botte d'oignons de
   printemps, râpés
4 pains chapati ou des pains sans
   levain, grillés, pour servir

Salsa verte
4 cuillères à table d'herbes en
   mélange (telles que persil,
   coriandre et ciboulette)
1 cuillère à table de câpres,
   égouttées
2 filets d'anchois (facultatif)
1 cuillère à table d'huile d'olive
Zeste râpé et jus de 1 lime

1 Chauffez l'huile dans un poêlon, ajoutez l'oignon et faites rôtir pendant 2 à 3 minutes ou jusqu'à ce qu'il commence à s'attendrir.

2 Ajoutez les lentilles et le bouillon et amenez à ébullition, puis couvrez et laissez mijoter 30 à 40 minutes jusqu'à ce que les lentilles soient tendres et que le bouillon ait été absorbé. Ajoutez les tomates, les oignons de printemps et mêlez bien.

3 Pendant ce temps, mettez les ingrédients de la salsa dans un mélangeur ou un robot de cuisine et mélangez pendant quelques secondes jusqu'à ce qu'ils soient bien mélangés, mais gardent un peu de texture.

4 Répandez la salsa sur les lentilles chaudes et tournez le tout. Servez avec des chapatis grillés ou des pains sans levain.

[Originaire de l'Inde, les chapatis sont des galettes à mie un peu boursouflées et croustillantes. Généralement faits de farine de blé complète, les chapatis sont cuits à sec dans une poêle de fonte, puis passés à la flamme pour les gonfler. Dans le centre de l'Inde, ils sont parfois faits à base de farine de maïs.]

Matières grasses : 6 g
Glucides : 75 g
Protéines : 22 g
Énergie : 423 cal (1747 kj)

Salade de mesclun à la grenade

Temps de préparation :
10 minutes
Donne **6 portions**

3 cuillères à table de vinaigre
   de framboise
2 cuillères à table d'huile d'olive
1 grenade
125 g (4 onces) de feuilles de
   salade en mélange (telles
   que des feuilles de bébés
   épinards, de moutarde rouge
   et de mizuna)
Sel et poivre
Framboises, pour garnir

[Les feuilles de mizuna sont très
semblables à celles de la roquette,
mais le goût est plus doux et un
peu poivré. La plante est originaire d'Asie, mais cultivée désor-
mais en Occident.]

1 Mettez le vinaigre de framboise, l'huile d'olive et
un peu de sel et de poivre dans un bol à salade et
mêlez délicatement.

2 Coupez la grenade en deux, puis brisez-la ou coupez-la
en gros morceaux et pliez la pelure afin que les petits
grains rouges en tombent. Dégagez tous ceux qui sont
récalcitrants avec la pointe d'un couteau et jetez-les.
Ajoutez le reste dans le bol à salade, jetez la pelure et
la peau blanche.

3 Ajoutez les feuilles de salade à la vinaigrette et
mélangez le tout. Garnissez de framboises, si désiré,
et servez immédiatement.

Matières grasses : 4 g
Glucides : 1 g
Protéines : 1 g
Énergie : 43 cal (177 kj)

Salade chaude de courgettes et de lime

Temps de préparation :
10 minutes
Temps de cuisson : **10 minutes**
Donne **4 portions**

1 cuillère à table d'huile d'olive
Zeste râpé et jus de 1 lime
1 gousse d'ail, finement hachée
2 cuillères à table de feuilles
    de coriandre grossièrement
    hachées, et plus pour la
    garniture
2 courgettes, environ 325 g
    (11 onces) au total, coupées
    en fines tranches diagonales
Sel et poivre

1 Mêlez l'huile, le zeste et le jus de lime, l'ail, la coriandre hachée, le sel et le poivre dans un sac en plastique. Ajoutez les tranches de courgettes et mêlez bien au mélange d'huile. Scellez et mettez en attente jusqu'au moment de la cuisson.

2 Chauffez une poêle-gril. Disposez autant de tranches de courgettes qu'il est possible d'en placer en une seule couche dans la poêle et cuisez-les 2 à 3 minutes jusqu'à ce qu'elles soient dorées en-dessous. Tournez les tranches et dorez l'autre côté. Transférez les tranches dans un plat de service chaud tandis que vous cuisez le reste des tranches de la même façon.

3 Versez le restant de vinaigrette sur les courgettes, saupoudrez d'un peu de coriandre pour décorer et servez immédiatement.

Matières grasses : 3 g
Glucides : 4 g
Protéines : 1 g
Énergie : 47 cal (194 kj)

Figues miellées aux framboises et fromage de chèvre

Temps de préparation : **3 minutes**
Temps de cuisson : **3 minutes**
Donne **4 à 8 portions**

8 figues fraîches, préférablement
   noires
1 cuillère à table de miel liquide
75 g (3 onces) de fromage de
   chèvre à faible teneur en gras,
   coupé en 4 tranches minces
125 g (4 onces) de framboises
Une poignée de feuilles de persil
   italien, hachées, pour garnir

1 Coupez les figues en deux, mettez-les, la partie coupée vers le haut, dans une lèchefrite couverte d'une feuille d'aluminium et aspergez d'un peu de miel le centre de chacune. Cuisez sous le gril préchauffé, très chaud, pendant 2 à 3 minutes.

2 Servez les figues brûlantes dans des assiettes individuelles, avec le fromage de chèvre et les framboises, décorées de persil italien.

Matières grasses : 3 g
Glucides : 17 g
Protéines : 4 g
Énergie : 108 cal (460 kj)

Riz basmati parfumé à la cannelle

Temps de préparation :
5 minutes, plus le trempage
Temps de cuisson :
18 à 20 minutes
Donne **4 portions**

250 g (8 onces) de riz basmati
200 g (7 onces) de pois
2 cuillères à thé de graines
   de cumin
4 bâtons de cannelle, chacun brisé
   en 2 à 3 morceaux
3 gousses de cardamome noire
3 étoiles d'anis étoilé (badiane)
1 cuillère à thé de sel
5 g (½ once) de beurre
500 ml (2 tasses) d'eau

1 Lavez le riz en changeant souvent d'eau, puis trempez-le pendant 2 heures dans un grand bol avec 1 litre d'eau (4 tasses).

2 Égouttez le riz et mettez-le dans une grande casserole avec tous les autres ingrédients, sauf l'eau. Versez la quantité d'eau mesurée et couvrez hermétiquement la casserole.

3 Cuisez le riz à feu moyen 18 à 20 minutes, en brassant légèrement à la mi-cuisson.

Matières grasses : 3 g
Glucides : 60 g
Protéines : 8 g
Énergie : 280 cal (1195 kj)

Haricots verts caramélisés

Temps de préparation : **5 minutes**

Temps de cuisson :

12 à 15 minutes

Donne **2 portions**

2 cuillères à table d'huile d'olive

1 gousse d'ail, écrasée

200 g (7 onces) de haricots verts
fins, étêtés et équeutés

1 cuillère à table de feuilles
de thym

3 cuillères à table de vinaigre
balsamique

2 cuillères à table de sauce soya
ou de sel, au goût

¼ de cuillère à thé de poivre noir

1 cuillère à thé de graines de
sésame, pour garnir

1 Chauffez l'huile dans une poêle à frire à revêtement antiadhésif ou un wok ; ajoutez l'ail et les haricots et faites sauter à feu moyen 2 à 3 minutes.

2 En brassant, ajoutez le thym, le vinaigre balsamique, la sauce soya et le poivre noir. Cuisez 10 à 12 minutes jusqu'à ce que les haricots soient cuits. Ajoutez quelques cuillerées d'eau bouillante si les haricots commencent à coller au fond de la casserole.

3 Servez les haricots saupoudrés des graines de sésame.

Matières grasses : 4 g
Glucides : 5 g
Protéines : 4 g
Énergie : 74 cal (307 kj)

Purée de patates douces et chili

Temps de préparation :
10 minutes
Temps de cuisson :
15 à 20 minutes
Donne **4 portions**

3 patates douces, environ 875 g
   (1¾ livre) au total, coupées
   en morceaux
5 g (¼ once) de beurre
2 cuillères à table de lait
   partiellement écrémé
   (1 % ou 2 %)
15 g (½ once) de ciboulette,
   coupée au ciseau
1 à 2 cuillères à table de
   sauce chili

1 Mettez les patates douces dans une casserole d'eau, amenez à ébullition et cuisez 15 à 20 minutes ou jusqu'à ce qu'elles soient tendres. Égouttez les patates et remettez-les dans la casserole.

2 Ajoutez le beurre, le lait, la ciboulette et la sauce chili et pilez les patates parfaitement. Servez immédiatement.

Matières grasses : 2 g
Glucides : 47 g
Protéines : 3 g
Énergie : 205 cal (874 kj)

Maïs miniatures à la coriandre prêts en cinq minutes

Temps de préparation : **5 minutes**
Temps de cuisson : **5 minutes**
Donne **4 portions**

1 cuillère à thé de graines
  de coriandre
1 cuillère à table d'huile d'olive
250 g (8 onces) d'épis de maïs
  miniatures
Une bonne pincée de poivre noir
2 cuillères à thé de curcuma moulu
30 g (1¼ once) de feuilles de
  coriandre, finement hachées
2 cuillères à table de jus de citron

1 Écrasez légèrement les graines de coriandre à l'aide d'un rouleau à pâtisserie ou d'un pilon et d'un mortier. Chauffez l'huile dans une poêle à frire à revêtement antiadhésif ou un wok, ajoutez les graines de coriandre et faites-les frire en brassant quelques secondes.

2 Ajoutez, en brassant, les épis de maïs, le poivre noir et le curcuma ; cuisez 3 à 4 minutes, puis ajoutez les feuilles de coriandre en brassant.

3 Ajoutez le jus de citron et laissez-le grésiller dans la poêle juste avant de servir.

Matières grasses : 3 g
Glucides : 2 g
Protéines : 2 g
Énergie : 48 cal (198 kj)

Sorbet au melon et chili avec jambon Serrano et melon

Temps de préparation :
35 minutes, plus la congélation
Donne **6 portions**

1½ cantaloup, en quartiers
    et épépiné
12 tranches de jambon Serrano,
    de *prosciutto crudo* ou de
    jambon de Parme

Sorbet au chili et au melon
1 cantaloup, coupé en deux, pelé
    et épépiné
2 cuillères à table de menthe
    hachée
½ à 1 gros piment rouge, épépiné
    et finement haché (au goût),
    et des boucles de piment pour
    décorer
1 blanc d'œuf

[Originaires tous deux d'Italie,
le *prosciuttu crudo* est un jambon
non cuit et salé à sec (crudo),
tandis que le *prosciutto cotto*
est le jambon cuit. Peu importe
le type de *prosciutto*, le procédé
de fabrication peut demander
de 9 à 18 mois, selon la taille
du jambon.]

1 Faites le sorbet. Mettez la chair du melon dans un mélangeur ou un robot de cuisine et mélangez jusqu'à ce qu'elle soit moelleuse. Ajoutez en brassant la menthe hachée et le chili, au goût.

2 Transférez le mélange à une sorbetière et barattez jusqu'à ce que le mélange ait épaissi. Une autre solution consiste à verser le mélange dans un contenant de plastique et de le congeler 4 heures, en battant une fois ou deux le mélange pour briser les cristaux de glace.

3 Mélangez-y le blanc d'œuf et continuez à baratter jusqu'à ce que le sorbet soit assez épais pour être servi à la cuillère. Si vous ne le servez pas immédiatement, transférez le sorbet dans un contenant de plastique et mettez-le au congélateur. Sinon, congelez-le au moins 2 heures jusqu'à ce qu'il soit ferme.

4 Disposez les quartiers de melon et le jambon dans 6 assiettes de service. Utilisez une cuillère chaude pour servir le sorbet et mettez deux pleines cuillerées de sorbet sur le dessus de chaque quartier de melon. Décorez avec des boucles de piment et servez immédiatement.

Matières grasses : 6 g
Glucides : 7 g
Protéines : 11 g
Énergie : 125 cal (525 kj)

Poissons et
fruits de mer

Morue rôtie à la masala

Temps de préparation :
15 minutes
Temps de cuisson : **30 minutes**
Donne **4 portions**

1 piment rouge, haché
2 gousses d'ail, hachées
1 cuillère à thé de racine de
   gingembre frais, émincé
1 cuillère à thé de graines
   de moutarde
Une grosse pincée de curcuma
2 clous de girofle
2 gousses de cardamome
5 grains de poivre noir
3 cuillères à table d'eau
1 cuillère à thé d'huile d'olive
3 cuillères à table de yogourt à
   faible teneur en gras
25 g (1 once) de chapelure
500 g (1 livre) de filet de morue
250 g (8 onces) de tomates
   mûres, hachées
Riz bouilli, pour servir

Garniture
Zeste de citron et quartiers
Quartiers de lime
Feuilles de coriandre

[Le mot *masala* est originaire de
l'Inde où il signifie « mélange ».
En cuisine, il est généralement
employé pour désigner un
mélange d'épices.]

1 Mettez le chili, l'ail, le gingembre, les graines de moutarde, le curcuma, les clous, la cardamome, le poivre et la mesure d'eau dans un moulin à café ou dans un mélangeur et mettez en marche pour obtenir une pâte. L'autre méthode consiste à utiliser un pilon et un mortier.

2 Chauffez l'huile dans une petite casserole à revêtement antiadhésif et faites frire la pâte de chili jusqu'à ce que l'huile monte à la surface. Ôtez la casserole du feu et ajoutez le yogourt et la chapelure en brassant.

3 Mettez la morue dans un plat allant au four et étendez la pâte de chili dessus. Parsemez de morceaux de tomates, couvrez et cuisez au four préchauffé à 200 °C (400 °F), thermostat 6, pendant 30 minutes ou jusqu'à ce que le poisson soit tendre.

4 Servez la morue avec le riz bouilli parsemé de coriandre et de lanières de zeste de citron et décoré de morceaux de citron et de lime pour en extraire le jus.

Matières grasses : 3 g
Glucides : 7 g
Protéines : 26 g
Énergie : 150 cal (640 kj)

Ailes de raie saisies aux câpres

Temps de préparation : **5 minutes**
Temps de cuisson :
   6 à 8 minutes
Donne **4 portions**

2 ailes de raie, environ 300 g
   (10 onces) chacune
1 cuillère à thé d'huile d'olive
2 cuillères à table de câpres, ou de
   baies de câpres avec leur queue,
   coupées en deux dans le sens de
   la longueur
1 cuillère à table de zeste de
   citron, râpé
2 cuillères à table de jus de citron
Sel et poivre
Quartiers de citron pour garnir

1 Coupez les ailes de raie en deux, tapotez pour assécher et badigeonnez chacun des côtés d'un peu d'huile. Chauffez une poêle-gril et saisissez les ailes de raie 3 minutes de chaque côté. Si les ailes sont épaisses, cuisez-les un peu plus longtemps.

2 Mettez les câpres sur le dessus du poisson avec le zeste et le jus de citron et cuisez pendant quelques secondes de plus. Salez et poivrez au goût et servez avec des quartiers de citron.

Matières grasses : 1 g
Glucides : 0 g
Protéines : 23 g
Énergie : 105 cal (446 kj)

Bar grillé à la sauce tomate

Temps de préparation :
15 minutes
Temps de cuisson :
12 à 13 minutes
Donne **6 portions**

1 cuillère à table d'huile d'olive
1 oignon, finement haché
300 g (10 onces) de tomates
  cerises, coupées en deux
2 grosses pincées de safran
  (facultatif)
150 ml (²⁄₃ tasse) de vin blanc sec
125 ml (½ tasse) de bouillon
  de poisson
Zeste râpé de 1 citron, le reste
  coupé en deux et finement
  tranché
12 petits filets de bar, environ
  100 g (3½ onces) chacun,
  rincés à l'eau froide
1 cuillère à thé de graines
  de fenouil
Sel et poivre
Feuilles de basilic ou d'origan,
  pour garnir (facultatif)

1 Chauffez l'huile dans une poêle à revêtement antiadhésif, ajoutez l'oignon et faites frire environ 5 minutes ou jusqu'à ce qu'il soit tendre et légèrement doré. Ajoutez les tomates, le safran si vous en utilisez, le vin, le bouillon et mélangez avec le zeste de citron. Salez et poivrez au goût, puis amenez à ébullition et cuisez pendant 2 minutes.

2 Versez le mélange dans une lèchefrite tapissée d'une feuille de papier d'aluminium, ajoutez les tranches de citron et laissez en attente.

3 Disposez les filets de poisson, la peau vers le haut, sur le mélange de tomates. Utilisez une cuillère pour verser un peu du jus de safran sur la peau, puis saupoudrez de sel, de poivre et des graines de fenouil.

4 Cuisez le bar sous un gril préchauffé 5 à 6 minutes, jusqu'à ce que la peau soit croustillante et que le poisson se défasse facilement quand on le presse avec un couteau. Transférez dans les assiettes de service et servez avec une garniture de feuilles de basilic ou d'origan, si désiré.

Matières grasses : 7 g
Glucides : 4 g
Protéines : 39 g
Énergie : 252 cal (1057 kj)

Flétan frit avec salsa à la papaye et à la coriandre

Temps de préparation :
20 minutes
Temps de cuisson :
10 à 12 minutes
Donne **4 portions**

2 cuillères à table d'huile d'olive
3 gousses d'ail, écrasées
4 darnes de flétan, environ 600 g
   (1¼ livre) au total
Feuilles de cresson, pour servir
Quartiers de lime, pour garnir

**Salsa à la papaye
  et à la coriandre**
1 papaye, coupée en cubes
½ oignon rouge, finement haché
15 g (½ once) de feuilles de
  coriandre, finement hachées
¼ à ½ cuillère à thé de piment
  rouge moulu
1 poivron rouge, cœur et pépins
  enlevés, finement haché
Jus de ½ lime

1 Chauffez l'huile dans une grande poêle à revêtement antiadhésif. Ajoutez l'ail et brassez quelques secondes. Mettez les darnes de poisson dans la poêle et faites-les frire, en les tournant à la mi-cuisson, pendant 10 à 12 minutes, jusqu'à ce qu'ils soient cuits à point.

2 Pendant ce temps, faites la salsa en mêlant tous les ingrédients.

3 Servez les darnes de flétan sur un lit de feuilles de cresson avec la salsa et les quartiers de lime en accompagnement.

Matières grasses : 6 g
Glucides : 20 g
Protéines : 28 g
Énergie : 236 cal (993 kj)

Plie en papillote avec fenouil et chili

Temps de préparation :
30 minutes
Temps de cuisson : **8 minutes**
Donne **4 portions**

1 bulbe de fenouil, environ 350 g
  (11½ onces), finement haché
2 piments rouges, épépinés
  et hachés
4 cuillères à table de jus de citron
2 cuillères à table d'huile d'olive
  extra vierge
4 filets de plie, environ 675 g
  (1½ livre) au total
Une petite poignée d'aneth haché
½ citron, coupé en quartiers,
  pour garnir

Salade de radicchio et d'orange
200 g (7 onces) de feuilles de
  radicchio rouge
2 grosses oranges, pelées et la
  peau blanche enlevée, divisée
  en quartiers

[Originaire du nord de l'Italie,
où on le cultive depuis le XVIe
siècle, le *radicchio* est une variété
de chicorée rouge qui donne une
note croquante et colorée aux
salades. La variété la plus connue
a des feuilles rondes et brillantes,
rouge foncé aux nervures
blanches.]

1 Mettez le fenouil dans un bol avec les piments hachés. Ajoutez le jus de citron et l'huile d'olive et mettez de côté.

2 Coupez 4 feuilles de papier parchemin de 35 x 18 cm (14 x 7 pouces), et pliez-les en deux dans le sens de la largeur. Étendez la moitié d'une feuille sur une assiette et déposez un filet de poisson sur un côté du pli. Saupoudrez de fenouil haché et pliez le papier pour envelopper le contenu. Pliez les bouts vers l'intérieur et repliez pour plus de sûreté. Répétez avec le reste du poisson.

3 Placez le poisson enveloppé sur une tôle de cuisson et cuisez au four préchauffé à 220 °C (425 °F), thermostat 7, pendant environ 8 minutes ou jusqu'à ce que le papier parchemin soit gonflé et bruni.

4 Préparez la salade. Combinez le *radicchio* et les quartiers d'orange.

5 Placez chaque paquet de poisson dans une grande assiette et pratiquez une ouverture en croix sur le dessus ; ou bien, tirez le papier de chaque côté pour ouvrir le paquet, en laissant échapper un nuage de vapeur parfumée, et recourbez-le vers l'arrière.

6 Garnissez avec un quartier de citron. Servez dans des bols individuels le mélange de fenouil et de piments et la salade de *radicchio* et d'orange.

Matières grasses : 6 g
Glucides : 13 g
Protéines : 32 g
Énergie : 234 cal (988 kj)

Sardines grillées avec taboulé

Temps de préparation :
10 minutes
Temps de cuisson : **15 minutes**
Donne **4 portions**

125 g (4 onces) de blé bulgur
1 oignon, finement haché
2 tomates mûres, sans la peau
  et épépinées
1 cuillère à table de jus de citron
1 cuillère à thé de zeste de
  citron râpé
Une petite poignée de feuilles
  de menthe
4 petites sardines, vidées et
  désossées
Sel et poivre

Pour garnir
Quartiers de citron
Feuilles de laitue ou d'herbes

[Quoique l'on soit plus habitué
de voir le taboulé à base de
couscous, il n'est pas rare qu'on
le fasse avec du blé concassé en
Syrie et au Liban, d'où il est
originaire.]

1 Amenez à ébullition l'eau dans une petite casserole
et ajoutez le blé bulgur. Cuisez à feu doux pendant
5 minutes, puis égouttez et rafraîchissez sous l'eau
froide. Égouttez de nouveau et mettez dans un bol.

2 Pendant ce temps, faites frire l'oignon 5 minutes.
Ajoutez l'oignon, les tomates, le jus de citron et le zeste
au blé bulgur. Mettez de côté 4 feuilles de menthe et
hachez le reste. Mêlez la menthe hachée au mélange
de blé bulgur ; salez et poivrez au goût.

3 Ouvrez chaque sardine et étendez une feuille de menthe
au centre. Avec une cuillère, déposez un peu de taboulé
sur la feuille, et repliez délicatement le filet.

4 Grillez les sardines 5 minutes, puis tournez-les délicatement de l'autre côté et grillez-les 5 minutes de plus.
Servez-les avec le reste de taboulé (chaud ou froid),
garnissez de quartiers de citron et de quelques feuilles
de laitue ou d'herbes.

Matières grasses : 5 g
Glucides : 27 g
Protéines : 14 g
Énergie : 209 cal (877 kj)

Thon grillé et jus d'échalotes

Temps de préparation : **5 minutes**
Temps de cuisson : **15 minutes**
Donne **4 portions**

4 darnes de thon, environ 100 g
   (3½ onces) chacune
Brins de persil italien, pour garnir

Sauce
4 échalotes, finement hachées
300 ml (1¼ tasse) de vin rouge
150 ml (⅔ tasse) de Marsala
Sel et poivre

[Le Marsala est un vin AOC
produit en Sicile, dans la région
de la ville du même nom. C'est
un «vin de liqueur» issu d'une
exposition au soleil semblable à
celle utilisée pour le Jerez en
Espagne. On récolte les raisins à
pleine maturité, puis on les expo-
se au soleil pendant un ou deux
jours pour concentrer le sucre.]

1 Chauffez une plaque ou une poêle à frire jusqu'à ce qu'elle soit très chaude. Cuisez deux darnes de thon à la fois, 3 minutes de chaque côté. Retirez les darnes de la poêle et gardez au chaud.

2 Préparez le jus d'échalotes. Mêlez les échalotes, le vin rouge et le Marsala dans une casserole ; salez, poivrez et faites bouillir rapidement jusqu'à ce que le jus ait réduit de moitié. Remettez le thon dans la poêle, ajoutez la sauce et cuisez à feu doux 2 minutes. Servez immédiatement et garnissez de brins de persil.

Matières grasses : 5 g
Glucides : 4 g
Protéines : 24 g
Énergie : 240 cal (1000 kj)

Shish-kebabs de lotte à la thaïlandaise et aux champignons

Temps de préparation :
15 minutes, plus la marinade
Temps de cuisson : **10 minutes**
Donne **4 portions**

500 à 700 g (1 à 1½ livre) de
   queues de lottes, peau enlevée
1 oignon en quartiers et les
   couches séparées
8 champignons
1 courgette, coupée en 8 morceaux
Huile végétale, pour enduire
Cresson ou persil italien,
   pour garnir

Marinade
Le zeste râpé et le jus de 2 limes
1 gousse d'ail, finement hachée
2 cuillères à table de racine de
   gingembre frais, finement
   tranchée
2 piments rouges ou verts ou
   1 de chaque sorte, épépinés et
   finement hachés
2 tiges de citronnelle, finement
   hachées
Une poignée de coriandre, hachée
1 verre de vin rouge
2 cuillères à table d'huile
   de sésame
Poivre

1 Préparez la marinade en combinant tous les ingrédients dans un grand bol. Coupez le poisson en gros cubes et ajoutez-le à la marinade avec l'oignon, les champignons et la courgette. Couvrez et réfrigérez 1 heure pour permettre aux saveurs de se mêler.

2 Badigeonnez légèrement d'huile la grille d'une lèchefrite pour empêcher les kebabs de coller. Remplir 4 brochettes alternativement de morceaux de poisson, de champignons, de courgettes et d'oignons. Brossez avec un peu d'huile et grillez sous un gril préchauffé, très chaud, environ 10 minutes en les tournant de temps à autre. Servez immédiatement les shish-kebabs, garnis de cresson ou de feuilles de persil italien.

Matières grasses : 6 g
Glucides : 4 g
Protéines : 25 g
Énergie : 185 cal (780 kj)

Brochettes de poisson à la citronnelle

Temps de préparation :
10 à 15 minutes
Temps de cuisson :
4 à 5 minutes
Donne **4 portions**

500 g (1 livre) de filets d'aiglefin
    sans la peau, haché
1 cuillère à table de menthe,
    hachée
2 cuillères à table de coriandre,
    hachée
2 cuillères à thé de pâte de curry
    thaï rouge
2 feuilles de lime, finement
    hachées ou le zeste râpé de
    1 lime
2 tiges de citronnelle, coupées
    en 4 longueurs
Huile végétale, pour enduire

Pour servir
Sauce chili douce
Quartiers de lime

1 Mettez le poisson, la menthe, la coriandre, la pâte de curry et les feuilles de lime ou le zeste dans un mélangeur ou un robot de cuisine et mélangez 30 secondes jusqu'à ce que les ingrédients soient bien mêlés.

2 Divisez le mélange en 8 portions, puis entourez chaque «brochette» de citronnelle.

3 Brossez les brochettes d'un petit peu d'huile, placez sous un gril préchauffé, très chaud, et cuisez 4 à 5 minutes jusqu'à l'obtention d'une cuisson complète. Servez avec un peu de sauce chili douce et des quartiers de lime.

Matières grasses : 3 g
Glucides : 0 g
Protéines : 19 g
Énergie : 106 cal (438 kj)

Crevettes au curry du Kerala

Temps de préparation : **5 minutes**
Temps de cuisson : **8 minutes**
Donne **4 portions**

500 g (1 livre) de grosses crevettes
   cuites, décortiquées
½ cuillère à thé de curcuma moulu
1 cuillère à thé d'huile végétale
1 oignon rouge, coupé en fins
   quartiers
2 piments verts, épépinés et
   tranchés
10 feuilles de curry (facultatif)
100 ml (environ ⅓ tasse) de lait
   de coco
2 cuillères à table de jus de lime
Quelques feuilles de coriandre
Sel et poivre

1 Mettez les crevettes dans un bol, saupoudrez de curcuma et laissez en attente.

2 Chauffez l'huile dans une poêle à revêtement antia-dhésif ou un wok et faites frire les quartiers d'oignon et les piments jusqu'à ce qu'ils soient tendres. Ajoutez les crevettes, les feuilles de curry si vous les utilisez, et le lait de coco. Faites mijoter à feu doux 5 minutes.

3 Arrosez du jus de lime, salez et poivrez au goût. Parsemez de feuilles de coriandre et mêlez une fois. Servez immédiatement.

[Originaire de l'Inde, mais cultivé partout en Asie tropicale, le kaloupilé est un arbre de petite taille au tronc, aux branches et aux feuilles très délicates. Ces dernières, luisantes et vert foncé, sont utilisées dans la cuisine des pays de l'océan Indien sous le nom de « feuilles de curry ».]

Matières grasses : 3 g
Glucides : 4 g
Protéines : 29 g
Énergie : 159 cal (670 kj)

Jambalaya au riz sauvage

Temps de préparation:
15 minutes
Temps de cuisson: **35 minutes**
Donne **4 portions**

125 g (4 onces) de riz sauvage
1 cuillère à thé d'huile d'olive
50 g (2 onces) de céleri, haché
½ poivron rouge, cœur et pépins
   enlevés, coupé en dés
½ poivron vert, cœur et pépins
   enlevés, coupés en dés
1 oignon, haché
1 tranche de bacon sans couenne,
   maigre, le gras enlevé et coupée
   en dés
2 gousses d'ail, écrasées
2 cuillères à table de pâte
   de tomate
1 cuillère à table de thym haché
125 g (4 onces) de riz à grain long
1 piment vert, épépiné et finement
   haché
½ cuillère à thé de poivre de
   cayenne
1 cuillère à table de *pimientos* en
   conserve, hachés (facultatif)
400 g (13 onces) de tomates en
   conserve, égouttées
300 ml (1¼ tasse) de bouillon
   de poulet
150 ml (⅔ tasse) de vin blanc sec
250 g (8 onces) de crevettes crues
3 cuillères à table de coriandre ou
   de persil, haché, pour garnir

1 Mettez le riz sauvage dans une casserole avec suffisamment d'eau pour le couvrir. Amenez à ébullition et laissez bouillir 5 minutes. Enlevez la casserole du feu et couvrez hermétiquement. Laissez le riz cuire à la vapeur environ 10 minutes jusqu'à ce que les grains soient tendres. Égouttez.

2 Chauffez l'huile dans un grand poêlon à frire à revêtement antiadhésif. Ajoutez le céleri, les poivrons, l'oignon, le bacon et l'ail et cuisez en brassant 3 à 4 minutes jusqu'à ce que les légumes soient tendres. Ajoutez les tomates et le thym en brassant. Cuisez 2 minutes.

3 Ajoutez le riz sauvage, le riz à grain long, le piment, le poivre de cayenne, les *pimientos* si désiré, les tomates, le bouillon et le vin dans le poêlon. Amenez à ébullition, puis réduisez le feu et laissez mijoter 10 minutes jusqu'à ce que le riz soit tendre, mais encore ferme sous la dent.

4 Ajoutez les crevettes et cuisez, en brassant occasionnellement, pendant 5 minutes, jusqu'à ce que les crevettes soient opaques. À la cuillère, mettez le *jambalaya* dans de grands bols, parsemez de coriandre ou de persil et servez.

[Le mot *jambalaya*, ou *jumbalaya*, s'applique tout autant à la musique qu'à la cuisine créole et cajun de la Louisiane. Selon certaines sources, il signifierait « fête » mais, selon d'autres, il aurait le sens de « jambon au riz », voire de « méli-mélo » !]

Matières grasses: 3 g
Glucides: 60 g
Protéines: 20 g
Énergie: 378 cal (1586 kj)

Zarzuela de moules, calmars et morue

Temps de préparation :
30 minutes
Temps de cuisson : **24 minutes**
Donne **4 portions**

1 cuillère à table d'huile d'olive
1 gros oignon, finement haché
2 gousses d'ail, finement haché
½ cuillère à thé de *pimentón*
   (paprika fumé)
500 g (1 livre) de tomates, sans la
   peau et hachées
1 poivron rouge, cœur et pépins
   enlevés et coupé en dés
250 ml (1 tasse) de bouillon de
   poisson
150 ml (⅔ tasse) de vin blanc sec
2 grosses pincées de safran
4 petites feuilles de laurier
500 g (1 livre) de moules fraîches,
   rincées à l'eau froide
200 g (7 onces) de calmars
   nettoyés, rincés à l'eau froide
375 g (12 onces) de filets de
   morue, sans la peau
Sel et poivre

1 Chauffez l'huile dans une grande poêle à frire à revêtement antiadhésif. Ajoutez l'oignon et faites frire 5 minutes ou jusqu'à ce qu'il soit tendre et commence tout juste à dorer. Ajoutez, en brassant, l'ail et le *pimentón* et cuisez 1 minute.

2 En brassant, ajoutez les tomates, le poivron rouge, le bouillon, le vin et le safran. Ajoutez les feuilles de laurier, salez, poivrez et amenez à ébullition. Couvrez la poêle et laissez cuire doucement 10 minutes. Mettez de côté.

3 Jetez les moules ouvertes ou brisées. Brossez les moules avec une brosse à ongles, enlevez les bernacles et arrachez les poils de barbe. Remettez les moules dans un bol d'eau propre. Séparez les tubes de calmar des tentacules et coupez les tubes. Coupez la morue en cubes.

4 Chauffez de nouveau la sauce tomate, si nécessaire, ajoutez la morue et les tranches de calmar et cuisez 2 minutes. Ajoutez les moules, couvrez et cuisez 4 minutes. Ajoutez les tentacules de calmars et cuisez 2 minutes jusqu'à ce qu'elles soient cuites et que toutes les moules soient ouvertes (jetez toutes celles qui sont restées fermées). Brassez délicatement le mélange et servez à la cuillère dans des bols.

[Mets traditionnel espagnol à base de crustacés, de fruits de mer et de poisson, la *zarzuela* est aussi une forme d'opérette, ou d'opéra-comique, née au XVIIe siècle ! Mêlant chants sérieux et danses populaires, la *zarzuela* a connu une très grande vogue dans l'Espagne du XIXe siècle.]

Matières grasses : 5 g
Glucides : 11 g
Protéines : 32 g
Énergie : 240 cal (1009 kj)

Crevettes au piri-piri

Temps de préparation:
15 minutes, plus temps
pour refroidir
Temps de cuisson:
5 à 6 minutes
Donne **6 portions**

3 cuillères à table d'huile d'olive
Zeste râpé et jus de 1 citron
2 cuillères à thé d'assaisonnement
piri-piri
2 cuillères à thé de pâte de tomate
2 gousses d'ail, finement hachées
400 g (13 onces) de crevettes
tigrées sans tête (non décortiquées et décongelées, si
surgelées)
Sel et poivre

Pour garnir
Persil haché
Quartiers de citron

[Le *piri-piri* est un condiment
important de la cuisine du
Portugal et de pays de l'Afrique
de l'Ouest, tel le Mozambique.
Offert sous forme de poudre ou
de sauce, il renferme notamment
un petit piment rouge foncé, très
brûlant au goût, l' « Africa bird's-
eye chili ».]

1 Mélangez l'huile, le zeste et le jus de citron, l'assaisonnement *piri-piri*, la pâte de tomate et l'ail dans un bol peu
profond ; salez et poivrez légèrement.

2 Mettez les crevettes dans une passoire et rincez-les à
l'eau courante froide et égouttez-les bien. Ajoutez les
crevettes au mélange de *piri-piri* et mêlez jusqu'à ce
qu'elles soient bien enduites. Couvrez et refroidissez au
moins 2 heures.

3 Enfilez les crevettes sur 12 brochettes en passant à
travers la partie la plus épaisse du corps et de la queue
et déposez-les sur la grille d'une lèchefrite couverte d'une
feuille de papier d'aluminium.

4 Cuisez les crevettes sous un gril préchauffé 5 à 6
minutes, en les tournant une fois, jusqu'à ce qu'elles
soient rose vif. Disposez sur une assiette de service et
servez-les saupoudrées de persil haché et garnies de
quartiers de citron.

Matières grasses: 6 g
Glucides: 1 g
Protéines: 12 g
Énergie: 104 cal (433 kj)

Moules catalanes

Temps de préparation :
10 minutes
Temps de cuisson : **15 minutes**
Donne **4 portions**

1 cuillère à table d'huile d'olive
1 oignon, finement haché
2 gousses d'ail, écrasées
1 piment rouge, épépiné et
    finement haché
Une pincée de paprika
400 g (13 onces) de tomates
    en conserve
1 kg (2 livres) de moules
Sel et poivre
Persil haché, pour garnir

1 Chauffez l'huile dans une grande poêle à frire à revêtement antiadhésif ou un wok. Faites frire l'oignon, l'ail, le piment et le paprika sur un feu moyen 10 minutes ou jusqu'à ce qu'ils soient tendres. Mêlez-y les tomates, salez et poivrez. Couvrez et laissez mijoter à feu doux pendant que vous nettoyez les moules.

2 Jetez les moules qui sont ouvertes ou brisées. Brossez les moules avec une brosse à ongles, enlevez les bernacles et arrachez les poils de barbe. Remettez les moules dans un bol d'eau propre. Brassez les moules dans la sauce tomate, augmentez la température et couvrez. Cuisez 5 minutes jusqu'à ce que les coquilles soient ouvertes (jetez les moules qui sont restées fermées).

3 Empilez les moules dans des bols de service chauds, saupoudrez de persil haché et servez tout de suite.

Matières grasses : 4 g
Glucides : 6 g
Protéines : 15 g
Énergie : 119 cal (498 kj)

Pétoncles frits avec purée de haricots et poireaux

Temps de préparation :
10 minutes
Temps de cuisson : **environ**
15 minutes
Donne **4 portions**

2 x 400 g (13 onces) de haricots
 cannellini en conserve, égouttés
 et rincés
2 gousses d'ail
250 ml (1 tasse) de bouillon
 de légumes
2 cuillères à table de persil, haché
2 cuillères à thé d'huile d'olive
16 bébés poireaux
3 cuillères à table d'eau
16 gros pétoncles, sans coquilles
 et préparés
Brins de persil, pour garnir

1 Mettez les haricots, l'ail et le bouillon dans une casserole, amenez à ébullition et laissez mijoter 10 minutes. Enlevez la casserole du feu et égouttez tout surplus de liquide. Écrasez les haricots avec un pilon à pommes de terre et mêlez-y le persil. Gardez au chaud.

2 Chauffez la moitié de l'huile dans une poêle à frire à revêtement antiadhésif, ajoutez les bébés poireaux et faites-les frire 2 minutes. Ajoutez la mesure d'eau, couvrez et laissez cuire à feu doux 5 à 6 minutes jusqu'à ce qu'ils soient tendres.

3 Pendant ce temps, chauffez le restant d'huile dans une petite poêle à frire, ajoutez les pétoncles et faites frire 1 minute de chaque côté. Servez les pétoncles avec la purée de haricots et les poireaux, garnis avec des brins de persil.

Matières grasses : 4 g
Glucides : 27 g
Protéines : 37 g
Énergie : 293 cal (1210 kj)

Viandes, volailles et gibiers

Bœuf au poivre
et salade verte au raifort

Temps de préparation :
20 minutes
Temps de cuisson :
3 à 7 minutes
Donne **6 portions**

2 épais biftecks d'aloyau, environ
   500 g (1 livre) au total
3 cuillères à thé de grains de
   poivre colorés, grossièrement
   écrasés
Cristaux de gros sel
200 g (7 onces) de yogourt nature
   à faible teneur en gras
1 à 1½ cuillère à thé de sauce au
   raifort (au goût)
1 gousse d'ail, écrasée
150 g (5 onces) de mesclun
100 g (3½ onces) de champignons
   de Paris, tranchés
1 oignon rouge, finement émincé
1 cuillère à table d'huile d'olive
Sel et poivre

[Mot originaire de Provence, le
mesclun désigne un mélange de
feuilles de salade diverses.]

1 Dégraissez les biftecks et frottez la viande avec le poivre écrasé et les cristaux de sel.

2 Mélangez le yogourt, la sauce au raifort et l'ail ; salez et poivrez, au goût. Ajoutez le mesclun, les champignons et presque tout l'oignon rouge et tournez délicatement.

3 Chauffez l'huile dans une grande poêle à revêtement antiadhésif, ajoutez les biftecks et cuisez à feu vif 2 minutes jusqu'à ce qu'ils soient dorés. Retournez-les et cuisez-les 2 minutes de plus pour qu'ils soient à point, 3 à 4 minutes pour une cuisson moyenne ou 5 minutes pour qu'ils soient bien cuits.

4 Disposez des portions de salade au centre de 6 assiettes de service. Découpez de fines tranches de bifteck et déposez-les sur la salade. Garnissez avec le reste d'oignon rouge.

Matières grasses : 6 g
Glucides : 4 g
Protéines : 19 g
Énergie : 148 cal (620 kj)

Bifteck au poivre vert

Temps de préparation : **5 minutes**

Temps de cuisson :

6 à 8 minutes

Donne **4 portions**

4 filets de bœuf maigre, environ
   75 g (3 onces) chacun
1 cuillère à table de grains de
   poivre vert en saumure, égouttés
2 cuillères à table de sauce
   soya légère
1 cuillère à thé de vinaigre
   balsamique
8 tomates cerises, coupées
   en moitiés
Brins de thym, pour la garniture

1 Chauffez une poêle-gril jusqu'à ce qu'elle soit très chaude. Cuisez les filets 2 à 3 minutes de chaque côté, puis retirez-les de la poêle et gardez-les au chaud.

2 Ajoutez le poivre, la sauce soya, le vinaigre balsamique et les tomates cerises dans le poêlon. Laissez les liquides grésiller 2 minutes ou jusqu'à ce que les tomates soient tendres. Versez à la louche la sauce sur les filets et garnissez avec les brins de thym.

Matières grasses : 5 g
Glucides : 4 g
Protéines : 17 g
Énergie : 130 cal (548 kj)

Boulettes de viande russes

Temps de préparation :
15 minutes, plus la
réfrigération
Temps de cuisson : **45 minutes**
Donne **4 portions**

375 g (12 onces) de bœuf
émincé maigre
1 oignon, grossièrement haché
1 cuillère à table de pâte
de tomate
1 cuillère à thé d'herbes séchées
en mélange
Sel et poivre
Feuilles et brins de persil, hachés
pour la garniture
Paprika, pour la garniture

Sauce tomate
1 oignon rouge, finement haché
400 g (13 onces) de tomates
hachées en boîte
Pincée de paprika
1 cuillère à thé d'herbes séchées
en mélange

1 Mettez la viande, l'oignon, la pâte de tomate et le mélange d'herbes séchées dans un mélangeur ou un robot de cuisine. Salez et poivrez généreusement, puis mélangez jusqu'à ce que le tout soit lisse. Façonnez le mélange en 12 boulettes, puis réfrigérez-les 30 minutes.

2 Pendant ce temps, mettez tous les ingrédients de la sauce dans une casserole et cuisez à découvert, à feu doux, 15 à 20 minutes, en brassant à l'occasion.

3 Salez et poivrez la sauce au goût, puis versez-la dans un plat pour le four. Disposez les boulettes dans la sauce et cuisez dans au four préchauffé à 180 °C (350 °F), thermostat 4, pendant 45 minutes. Servez les boulettes de viande garnies de persil haché et de paprika.

Matières grasses : 5 g
Glucides : 8 g
Protéines : 21 g
Énergie : 154 cal (650 kj)

Bœuf au curry vert

Temps de préparation : **5 minutes**
Temps de cuisson : **environ**
   10 minutes
Donne **4 portions**

300 g (10 onces) de filet de bœuf
   maigre, finement tranché
1 oignon rouge, coupé en fins
   quartiers
1 à 2 cuillères à table de pâte
   de curry vert thaï
125 g (4 onces) de pois mange-
   tout, finement coupés en
   longueur
150 ml (²/₃ tasse) d'eau
Petite quantité de feuilles
   de basilic

[Originaire de la Thaïlande, la
pâte de curry vert, existant aussi
en version rouge, concentre les
odeurs et saveurs du piment vert,
du gingembre, de la citronnelle,
de la coriandre, du citron vert,
de l'ail et des échalotes]

1 Chauffez une grande poêle à revêtement antiadhésif ou un wok. Cuisez à sec le bœuf 2 minutes, puis retirez-le avec une cuillère à égoutter, laissant le jus dans le poêlon.

2 Chauffez la poêle de nouveau et faites sauter l'oignon 1 minute jusqu'à ce qu'il soit attendri. Ajoutez la pâte de curry et faites sauter environ 1 minute encore. Ajoutez les pois mange-tout et l'eau.

3 Remettez la viande dans la poêle et cuisez 5 minutes en brassant. Quand le bœuf est cuit, ajoutez le basilic et brassez 30 secondes. Servez immédiatement.

Matières grasses : 5 g
Glucides : 4 g
Protéines : 17 g
Énergie : 128 cal (536 kj)

Poulet carnaval et purée de patate douce

Temps de préparation : **15 à 20 minutes**, plus temps de mariner
Temps de cuisson : **20 minutes**
Donne **4 portions**

4 poitrines de poulet sans la peau, environ 150 g (5 onces) chacune
Brins de persil italien, pour la garniture

Marinade
100 ml (environ ⅓ tasse) de *sherry* doux
1 cuillère à thé d'Angostura
1 cuillère à table de sauce soya légère
1 cuillère à table de gingembre frais, haché
Pincée de cumin moulu
Pincée de coriandre
1 cuillère à thé d'herbes séchées en mélange
1 petit oignon, finement haché
100 ml (environ ⅓ tasse) de bouillon de poulet

Purée de patate douce
2 patates douces
2 cuillères à table de fromage frais à faible teneur en gras (facultatif)
Sel et poivre

1 Placez les poitrines de poulet dans un plat non métallique. Dans un bol, mélangez tous les ingrédients de la marinade et étalez le mélange sur les poitrines, en vous assurant de bien les enduire. Couvrez et laissez mariner au réfrigérateur toute une nuit.

2 Disposez les poitrines dans une lèchefrite et cuisez sous le gril préchauffé à force moyenne 20 minutes. Retournez les poitrines à mi-cuisson.

3 Pendant ce temps, faites bouillir les patates douces dans leur peau 20 minutes jusqu'à ce qu'elles soient attendries. Égouttez-les bien et pelez-les. Réduisez-les en purée et laissez-les sécher un peu avant d'ajouter le fromage frais, s'il y a lieu. Salez et poivrez, puis servez avec le poulet, garni de brins de persil italien.

[Le mot *sherry* est la transcription anglaise de l'espagnol Jerez, qui désigne un vin apéritif.]

[L'Angostura est tirée de l'écorce de plantes d'Amérique du Sud. L'actuelle ville de Ciudad Bolivar au Venezuela s'appelait autrefois Angostura.]

Matières grasses : 5 g
Glucides : 26 g
Protéines : 36 g
Énergie : 315 cal (1332 kj)

Curry de poulet aux bébés épinards

Temps de préparation :
10 minutes
Temps de cuisson : **25 minutes**
Donne **4 portions**

1 cuillère à table d'huile végétale
4 poitrines de poulet désossées
   sans la peau, environ 125 g
   (4 onces) chacune, coupées en
   moitié dans la longueur
1 oignon, tranché
2 gousses d'ail, hachées
1 piment vert, haché
4 capsules de cardamome,
   légèrement broyées
1 cuillère à thé de graines
   de cumin
1 cuillère à thé de flocons de
   piments séchés
1 cuillère à thé de gingembre
   moulu
1 cuillère à thé de curcuma moulu
250 g (8 onces) de bébés épinards
300 g (10 onces) de tomates,
   hachées
150 ml (²/₃ tasse) de yogourt grec
   à faible teneur en gras
2 cuillères à table de coriandre
   hachée
Brins de coriandre, pour la
   garniture

1 Chauffez l'huile dans une grande poêle à revêtement antiadhésif ou un wok. Ajoutez le poulet, l'ail, le piment et faites frire 4 à 5 minutes ou jusqu'à ce que le poulet commence à dorer et l'oignon à s'attendrir.

2 Ajoutez les capsules de cardamome, les graines de cumin, les flocons de piments, le gingembre et le curcuma, et poursuivez la cuisson 1 minute.

3 Ajoutez les épinards dans le poêlon, couvrez et cuisez à feu doux jusqu'à ce que les épinards ramollissent. Ajoutez les tomates et laissez mijoter 15 minutes, en retirant le couvercle durant les 5 dernières minutes de cuisson.

4 Ajoutez le yogourt et la coriandre en brassant le curry et garnissez de brins de coriandre avant de servir.

Matières grasses : 6 g
Glucides : 10 g
Protéines : 27 g
Énergie : 205 cal (847 kj)

Poitrines de poulet farcies aux lentilles du Puy et au cresson

Temps de préparation :
15 minutes
Temps de cuisson : **55 minutes**
Donne **4 portions**

50 g (2 onces) de cresson
50 g (2 onces) de lentilles du Puy, cuites
50 g (2 onces) de fromage à la crème ou de fromage frais à très faible teneur en gras
1 oignon, râpé
1 cuillère à thé de zeste de citron râpé
50 g (2 onces) de champignons de couche, hachés finement
4 poitrines de poulet, sans peau, environ 150 g (5 onces) chacune
1 grosse pomme de terre, à demi cuite

[La lentille verte du Puy est une légumineuse ayant une appellation d'origine contrôlée (AOC). Cultivée sans engrais ni irrigation, cette lentille se caractérise par ses marbrures bleu vert.]

1 Mettez le cresson et les lentilles du Puy cuites dans un mélangeur ou un robot de cuisine avec le fromage à la crème (ou le fromage frais). Actionnez jusqu'à l'obtention d'un mélange lisse. Salez et poivrez suffisamment, puis versez dans un bol.

2 Faites sauter l'oignon 5 minutes jusqu'à ce qu'il soit attendri et un peu doré. Ajoutez le zeste de citron et les champignons et cuisez 5 minutes de plus pour faire dégorger les champignons. Ajoutez en brassant les oignons et les champignons au mélange de cresson et de lentilles.

3 Pratiquez une incision profonde dans le sens de la longueur dans chaque poitrine de poulet. À la cuillère, farcissez chaque cavité avec une part du mélange.

4 Tranchez finement la pomme de terre. Disposez le quart des tranches en une rangée dans un plat allant au four ; assurez-vous que les tranches se chevauchent légèrement. Déposez une poitrine de poulet farcie sur les pommes de terre. Répétez avec le reste des pommes de terre et les autres poitrines de poulet. Poivrez. Cuisez au four préchauffé à 190 °C (375 °F), thermostat 5, durant 45 minutes ; au besoin, couvrez le plat d'une feuille de papier d'aluminium pour empêcher le poulet de trop rôtir.

Matières grasses : 5 g
Glucides : 12 g
Protéines : 37 g
Énergie : 238 cal (1002 kj)

Poulet jerk très piquant aux quartiers de patate douce

Temps de préparation :
20 minutes
Temps de cuisson : **50 minutes**
Donne **4 portions**

4 poitrines de poulet, sans la peau, environ 125 g (4 onces) chacune

Assaisonnement *jerk*

8 à 10 baies de piments de la Jamaïque
2 oignons de printemps, la partie verte seulement, tranchée
4 gousses d'ail, broyées
1 cm (½ pouce) de gingembre frais, pelé et rapé
Pincée de muscade finement rapée
2 pincées de cannelle moulue
1 cuillère à thé de feuilles de thym
1 à 2 piments Scotch Bonnet, épépinés et finement hachés
2 cuillères à table de sauce soya
Jus de 2 limes

Quartiers de patate douce

2 patates douces à chair orangée, environ 750 g (1½ livre) au total, non pelées
1 cuillère à table d'huile d'olive
2 cuillères à table de persil haché
2 cuillères à table de ciboulette hachée

1 Préparez l'assaisonnement *jerk*. Broyez les baies de piments de la Jamaïque à l'aide d'un pilon et d'un mortier ou d'un mélangeur. Ajoutez les oignons de printemps et écrasez jusqu'à l'obtention d'un mélange homogène. Ajoutez l'ail, le gingembre, la muscade, la cannelle, les feuilles de thym et les piments. Versez la sauce soya et le jus de lime en mélangeant bien. Au besoin, ajoutez un peu d'eau pour lier le tout.

2 Pratiquez des incisions de chaque côté des poitrines de poulet, puis frottez-les avec l'assaisonnement *jerk*. Cuisez le poulet au four préchauffé à 190 °C (375 °F), thermostat 5, durant 30 à 40 minutes ou jusqu'à ce qu'il soit croustillant en surface.

3 Pendant ce temps, mettez les patates douces dans une casserole d'eau froide et portez à ébullition. Laissez bouillir 8 à 10 minutes, jusqu'à ce qu'elles soient à moitié cuites, puis égouttez-les et laissez-les refroidir. Pelez et coupez les patates en quartiers.

4 Chauffez l'huile dans une grande poêle à revêtement antiadhésif et cuisez les quartiers de patates environ 10 minutes, jusqu'à ce qu'ils soient dorés de chaque côté. Garnissez de persil et de ciboulette et servez avec le poulet découpé en tranches épaisses.

[Le *jerk* est un assaisonnement typique de la cuisine de la Jamaïque.]

[Les piments Scotch Bonnet sont petits, très forts et courants dans la cuisine des Antilles.]

Matières grasses : 7 g
Glucides : 40 g
Protéines : 31 g
Énergie : 343 cal (1452 kj)

Brochettes de poulet au noir

Temps de préparation :
5 minutes, plus le temps
de macération
Temps de cuisson : **20 minutes**
Donne **4 portions**

300 g (10 onces) de poitrines de
poulet désossées sans peau,
coupées en cubes
1 cuillère à table d'assaisonnement cajun
2 cuillères à table de jus de citron
1 cuillère à thé d'huile d'olive
Brins de coriandre, pour la
garniture

1 Mettez le poulet dans un bol et ajoutez l'assaisonnement cajun, le jus de citron et l'huile d'olive. Tournez bien
et laissez mariner 15 minutes. Pendant ce temps, trempez
8 brochettes en bois dans l'eau chaude.

2 Égouttez les brochettes, puis enfilez les cubes de poulet.
Recouvrez les extrémités des brochettes de papier d'aluminium, placez-les sous le gril préchauffé à température
moyenne et cuisez 20 minutes, en les tournant à mi-
cuisson. Quand le poulet est bien cuit, retirez les brochettes du gril et recueillez le jus de cuisson.

3 Retirez le poulet des brochettes et garnissez-le de brins
de coriandre. Arrosez avec le jus de cuisson et, au goût,
servez avec du riz et une salade verte.

Matières grasses : 3 g
Glucides : 0 g
Protéines : 16 g
Énergie : 94 cal (397 kj)

Foies de poulet poêlés au fenouil

Temps de préparation : **5 minutes**
Temps de cuisson :
   10 à 12 minutes
Donne **4 portions**

1 cuillère à table de farine
   tout usage
225 g (7½ onces) de foies
   de poulet
2 cuillères à thé d'huile d'olive
225 g (7½ onces) de bulbes et de
   feuilles de fenouil, émincés
3 cuillères à table de feuilles de
   persil italien, hachées
2 cuillères à table de jus de citron
Sel et poivre
Feuilles de cresson, pour la
   garniture

1 Mélangez la farine avec un peu de sel et de poivre, puis enfarinez les foies de poulet.

2 Chauffez l'huile dans une grande poêle à revêtement antiadhésif et faites sauter le fenouil à feu moyen vif pendant 3 minutes.

3 Ajoutez les foies de poulet enfarinés et cuisez à feu moyen vif, en brassant délicatement 5 à 8 minutes. Ajoutez lentement le persil. Versez le jus de citron, qui grésillera au contact, puis retirez la poêle du feu. Servez aussitôt les foies de poulet sur un lit de feuilles de cresson.

Matières grasses : 5 g
Glucides : 6 g
Protéines : 12 g
Énergie : 115 cal (483 kj)

Écrins de poulet thaï au riz
à la noix de coco et coriandre

Temps de préparation :
10 minutes
Temps de cuisson :
environ 15 minutes
Donne **4 portions**

1 cuillère à thé d'huile
2 poitrines de poulet, environ
  150 g (5 onces) chacune
1 cuillère à table de pâte de curry
  thaï rouge ou vert
400 ml (1²/₃ tasse) de lait de noix
  de coco en boîte
250 g (8 onces) de riz basmati
100 ml (environ ¹/₃ tasse) d'eau
3 cuillères à table de coriandre
  hachée

Pour le service
3 oignons de printemps, tranchés
2 laitues Little Gem, séparées en
  feuilles, les cœurs mis de côté
2 limes, coupées en quartiers

1 Chauffez l'huile dans une grande poêle à revêtement antiadhésif, puis ajoutez le poulet et faites frire 2 minutes.

2 Ajoutez la pâte de curry et continuez à frire 1 minute. Ajoutez ensuite la moitié du lait de noix de coco, amenez à ébullition, puis laissez mijoter 10 minutes.

3 Pendant ce temps, mettez le riz dans une casserole avec l'autre moitié du lait de noix de coco et l'eau. Amenez à ébullition, couvrez et laissez mijoter 10 à 12 minutes, jusqu'à ce que le liquide soit absorbé (ajoutez un peu d'eau, au besoin). Mélangez la coriandre au riz.

4 Disposez un peu de poulet, de l'oignon de printemps et du riz dans une grande feuille de laitue et pressez les quartiers de lime sur le contenu des écrins avant de servir.

[Originaire de la Thaïlande, la pâte de curry rouge, existant aussi en version verte, concentre les odeurs et saveurs du piment vert, du gingembre, de la citronnelle, de la coriandre, du citron vert, de l'ail et des échalotes.]

[La laitue Little Gem est un cultivar de laitue romaine originaire de Grande-Bretagne. Son goût la range parmi les laitues les plus savoureuses.]

Matières grasses : 6 g
Glucides : 33 g
Protéines : 18 g
Énergie : 276 cal (1139 kj)

Canard infusé au thé avec salade flambée de pak-choï

Temps de préparation :
25 minutes, plus le temps de réfrigération
Temps de cuisson : **10 minutes**
Donne **6 portions**

3 cuillères à thé de thé vert
  (ou 3 sachets)
250 ml (1 tasse) d'eau bouillante
3 poitrines de canard, environ
  150 g (5 onces) chacune
3 cuillères à table de sauce soya
250 g (8 onces) de carottes,
  coupées en juliennes
4 petits *pak choi*, environ 400 g
  (13 onces) au total, feuilles et
  branches coupées en morceaux
  épais, mais gardés séparément
3 oignons de printemps, tranchés
2 cuillères à table de liqueur
  d'orange
Jus de 1 orange

[Originaire de Chine, le *pak-choï*, ou *bok-choy*, est un chou qui ressemble à la bette à carde. C'est une excellente source de potassium et de vitamine A.]

1 Faites le thé avec l'eau bouillante et laissez-le infuser 5 minutes. Passez et laissez refroidir.

2 Incisez des croix dans la peau des poitrines de canard, puis disposez-les, la peau sur le dessus, dans un plat non métallique peu profond. Arrosez avec le thé, couvrez et réfrigérez 3 à 4 heures, ou toute une nuit.

3 Mettez les poitrines dans une lèchefrite à revêtement antiadhésif, répandez 1 cuillère à table de sauce soya sur la peau et cuisez au four préchauffé à 220 °C (425 °F), thermostat 7, durant 10 minutes, jusqu'à ce que la peau soit croustillante, mais la chair toujours rosée. Au bout de 5 minutes, transférez 2 cuillères à thé de gras de la lèchefrite dans une grande poêle à revêtement antiadhésif ou un wok. Faites chauffer le gras, ajoutez les carottes en juliennes et faites sauter 2 minutes en brassant sans arrêt.

4 Ajoutez les branches de *pak-choï* aux carottes et cuisez 1 minute. Ajoutez les feuilles de *pak-choï*, le reste de sauce soya et cuisez 30 secondes. Versez la liqueur, allumez avec une longue allumette en vous tenant loin. Quand les flammes s'amenuisent, versez le jus d'orange et chauffez-le un peu. Retirez les poitrines de canard avec une cuillère à égoutter et découpez-les en fines tranches.

5 Pour servir, transférez à la cuillère les légumes dans 6 petites assiettes et couronnez-les de tranches de canard.

Matières grasses : 4 g
Glucides : 9 g
Protéines : 18 g
Énergie : 148 cal (620 kj)

Casserole de gibier

Temps de préparation :
15 minutes
Temps de cuisson : **2 heures**
Donne **4 portions**

2 oignons, tranchés
4 biftecks de gibier, environ 125 g
(4 onces) chacun
1 bouquet garni
½ bâton de cannelle
5 noix marinées, tranchées
250 ml (1 tasse) de bouillon
de bœuf
3 cuillères à table de vin rouge
1 cuillère à thé d'Angostura
4 gros champignons de couche
2 cuillères à table de persil haché,
pour la garniture

[Quoiqu'elles soient souvent
appelées « noix d'Angleterre »
de nos jours, les noix marinées
étaient déjà produites par les
anciens habitants de l'Iran,
il y a plus de 8000 ans.]

1 Mettez les oignons dans une cocotte et couchez-y les biftecks. Ajoutez le bouquet garni, le bâton de cannelle et les noix marinées. Versez le bouillon, le vin et l'Angostura, puis couvrez. Cuisez au four préchauffé à 180 °C (350 °F), thermostat 4, durant 1 heure, jusqu'à ce que la viande soit tendre.

2 Ôtez les pieds des champignons et essuyez les chapeaux. Ajoutez les chapeaux de champignons dans la cocotte, en les recouvrant partiellement du jus de cuisson. Remettez la cocotte au four 15 minutes de plus.

3 Disposez un champignon dans chaque assiette et couvrez-le d'un bifteck. À la cuillère, nappez de jus de cuisson et des oignons. Garnissez de persil haché.

Matières grasses : 7 g
Glucides : 6 g
Protéines : 30 g
Énergie : 225 cal (946 kj)

Lapin aux herbes en cocotte

Temps de préparation :
10 minutes

Temps de cuisson :
1 heure 10 minutes

Donne **4 portions**

375 g (12 onces) de viande maigre de lapin, coupée en cubes

1 cuillère à table de romarin haché, plus 1 brin pour la garniture

1 cuillère à table d'herbes séchées en mélange

1 cuillère à table de farine tout usage

1 cuillère à thé d'huile d'olive

1 oignon rouge, coupé en quartiers

1 pelure d'orange

4 tomates séchées, réhydratées et hachées

150 ml (⅔ tasse) de vin rouge

50 g (2 onces) de lentilles du Puy

Sel et poivre

[La lentille verte du Puy est une légumineuse ayant une appellation d'origine contrôlée (AOC). Cultivée sans engrais ni irrigation, cette lentille se caractérise par ses marbrures bleu vert.]

1 Mettez la viande dans un sac en plastique, ajoutez le romarin haché, le mélange d'herbes et la farine, puis agitez bien pour enfariner la viande.

2 Chauffez l'huile dans une grande marmite. Faites frire la viande enfarinée pendant quelques minutes, jusqu'à ce qu'elle soit dorée. Ajoutez les quartiers d'oignons, la pelure d'orange et les tomates.

3 Versez le vin dans la marmite et ajoutez de l'eau pour couvrir à peine la viande. Salez et poivrez suffisamment. Couvrez la marmite et laissez mijoter 40 à 60 minutes, ou jusqu'à ce que la viande soit tendre et les légumes, cuits.

4 Environ 30 minutes avant la fin de la cuisson, rincez les lentilles et cuisez-les 20 minutes dans une casserole d'eau bouillante. Égouttez les lentilles et mélangez-les au contenu de la marmite. Laissez mijoter 10 minutes. Retirez la pelure d'orange avant de servir et garnissez la casserole de lapin d'un brin de romarin.

Matières grasses : 5 g
Glucides : 13 g
Protéines : 25 g
Énergie : 218 cal (917 kj)

Ragoût de dinde

Temps de préparation :
10 minutes
Temps de cuisson :
1 heure 50 minutes
Donne **4 portions**

1 pilon de dinde, environ 650 g
  (1½ livre)
2 gousses d'ail
15 bébés oignons ou échalotes
3 carottes, coupées en biseau
300 ml (1¼ tasse) de vin rouge
Quelques brins de thym
2 feuilles de laurier
2 cuillères à table de persil italien,
  haché
1 cuillère à thé de gelée de porto
1 cuillère à thé de grains de
  moutarde
Sel et poivre

1 Retirez délicatement la peau du pilon de dinde et faites quelques incisions dans la chair. Émincez une gousse d'ail et insérez les lamelles dans les incisions.

2 Écrasez l'autre gousse d'ail. Transférez le pilon dans une grande cocotte ou une rôtissoire avec les oignons, les carottes, l'ail écrasé, le vin rouge, le thym et les feuilles de laurier. Salez et poivrez suffisamment, puis couvrez et cuisez au four préchauffé à 180 °C (350 °F), thermostat 4, pendant 1 h 45 environ.

3 Retirez la dinde et les légumes de la cocotte et gardez-les au chaud. Amenez la sauce à ébullition sur la cuisinière, après avoir jeté les feuilles de laurier. Ajoutez le persil, la gelée de porto et la moutarde. Faites bouillir 5 minutes, jusqu'à ce que le mélange épaississe un peu. Vérifiez et ajustez l'assaisonnement. Découpez la dinde et nappez-la de sauce pour servir.

Matières grasses : 4 g
Glucides : 7 g
Protéines : 20 g
Énergie : 190 cal (800 kj)

Plats végétariens

Spaghetti et vinaigrette aux herbes

Temps de préparation : **5 minutes**
Temps de cuisson : **12 minutes**
Donne **4 portions**

300 g (10 onces) de pâtes
« cheveux d'ange », non cuites

Vinaigrette aux herbes

2 cuillères à table de feuilles
d'origan, hachées
2 cuillères à table de persil italien,
haché
2 cuillères à table de vinaigre
balsamique
2 cuillères à table de vinaigre de
vin rouge
2 cuillères à table de jus d'orange
1 petite gousse d'ail, écrasée
1 cuillère à table d'huile d'olive
Sel et poivre

[Les « cheveux d'ange » (*capelli
d'angelo*, en italien) sont des
pâtes très fines. Elles sont
souvent offertes en nids (*a nido*)
compacts, qui se défont en
cuisant.]

1 Portez à ébullition une grande casserole d'eau salée. Cuisez les pâtes 12 minutes ou selon les instructions sur le paquet.

2 Pendant ce temps, préparez la vinaigrette. Mettez tous les ingrédients dans une petite casserole, salez et poivrez et amenez au point d'ébullition. Retirez du feu et laissez la vinaigrette infuser 5 minutes.

3 Égouttez les pâtes et remettez-les dans la casserole. Versez la vinaigrette et mélangez en brassant. Servez immédiatement.

Matières grasses : 4 g
Glucides : 57 g
Protéines : 9 g
Énergie : 287 cal (1217 kj)

Crêpes aux champignons

Temps de préparation :
20 à 25 minutes
Temps de cuisson : **35 minutes**
Donne **4 portions**

50 g (2 onces) de farine tout usage
150 ml (²/₃ tasse) de lait écrémé
1 petit œuf, battu
1 cuillère à thé d'huile d'olive
Sel et poivre
Brins de persil italien, pour garnir

Garniture
300 g (10 onces) de champignons
    de couche, hachés
1 botte d'oignons de printemps,
    finement hachés
1 gousse d'ail, hachée
400 g (13 onces) de tomates en
    conserve hachées, égouttées
2 cuillères à table d'origan, haché

1 Préparez la pâte à crêpe. Mettez la farine, le lait, l'œuf, le sel et le poivre dans un mélangeur ou un robot de cuisine (ou battez à la main) et mélangez jusqu'à l'obtention d'une consistance onctueuse.

2 Chauffez quelques gouttes d'huile dans une petite poêle à frire à revêtement antiadhésif. Versez une pleine louche de pâte et cuisez 1 minute. Tournez délicatement la crêpe et cuisez l'autre côté. Glissez la crêpe de la poêle sur un papier parchemin. Faites 3 autres crêpes de la même façon, en ajoutant quelques gouttes d'huile au poêlon entre chacune et empilez les crêpes entre les feuilles de papier parchemin.

3 Préparez la garniture. Mettez tous les ingrédients dans une petite casserole et cuisez 5 minutes, en brassant à l'occasion. Divisez la garniture entre les crêpes tout en en réservant un peu pour servir et roulez-les.

4 Transférez les crêpes à une assiette allant au four et cuisez au four préchauffé à 180 °C (350 °F), thermostat 4, pendant 20 minutes. Servez avec le reste du mélange aux champignons et garnissez de brins de persil.

Matières grasses : 3 g
Glucides : 15 g
Protéines : 7 g
Énergie : 112 cal (470 kj)

Curry rapide de haricots rouges et coriandre

Temps de préparation : **5 minutes**
Temps de cuisson : **10 minutes**
Donne **4 portions**

2 cuillères à thé d'huile de maïs
1 cuillère à thé de graines de
  cumin
1 cuillère à table de pâte de
  tomate
2 cuillères à thé de poudre de cari
1 cuillère à thé de curcuma moulu
1 cuillère à thé de coriandre
  moulue
1 cuillère à thé de cumin moulu
2 cuillères à thé de *garam masala*
410 g (13¼ onces) de haricots
  rouges en conserve, égouttés
2 oignons de printemps, tranchés
2 cuillères à table de feuilles de
  coriandre, hachées
Sel
Mesclun ou pains pitas, pour servir

1 Chauffez l'huile dans une petite poêle à frire à revêtement antiadhésif. Ajoutez les graines de cumin et laissez-les éclater quelques secondes.

2 Ajoutez en mêlant la pâte de tomate, la poudre de cari, les épices moulues et le *garam masala*; mélangez bien sur un feu bas.

3 Ajoutez en mêlant les haricots, les oignons de printemps et les feuilles de coriandre. Salez au goût et ajoutez quelques cuillères à table d'eau si vous préférez plus de sauce. Servez le curry très chaud avec une salade de feuilles en mélange ou des pains pitas chauds.

[Le *garam masala*, ou « mélange piquant », combine des épices aromatiques employées essentiellement pour parfumer les plats de l'Inde du Nord. Il se compose principalement de coriandre, de cumin, de fenugrec, de graines de moutarde, de clous de girofle et de curcuma.]

[Mot originaire de Provence, le mesclun désigne un mélange de feuilles de salade diverses.]

Matières grasses : 3 g
Glucides : 21 g
Protéines : 8 g
Énergie : 136 cal (572 kj)

Rouleaux vietnamiens aux légumes avec sauce aux prunes et au wasabi

Temps de préparation : **30 minutes**
Temps de cuisson :
   10 à 15 minutes
Donne **4 portions**

200 g (7 onces) de *pak-choï*
2 cuillères à table d'huile de
   tournesol
100 g (3½ onces) de patate douce,
   coupée en juliennes
100 g (3½ onces) de carottes,
   coupées en juliennes
½ botte d'oignons de printemps,
   coupés en juliennes
50 g (2 onces) de fèves germées,
   rincées et égouttées
2 gousses d'ail, finement hachées
2 cm (¾ pouce) de racine de
   gingembre frais, pelée et
   finement hachée
8 crêpes de riz
Une poignée de coriandre

Sauce aux prunes et au wasabi
4 prunes rouges mûres, environ
   250 g (8 onces) au total
2 cuillères à table d'eau
1 cuillère à table de sauce soya
Sauce *wasabi* (moutarde
   japonaise), au goût
1 cuillère à table de sucre en poudre

[Le *wasabi* est une plante
originaire du Japon dont on tire
un condiment au goût très
prononcé, quoique moins fort que
le raifort auquel il s'apparente.]

1 Coupez les feuilles du *pak-choï* et tranchez les tiges en juliennes. Chauffez l'huile dans une grande poêle à frire à revêtement antiadhésif ou un wok, ajoutez les patates douces, les carottes et faites sauter 2 minutes. Ajoutez les oignons de printemps et les tiges de *pak-choï* et cuisez 1 minute. Transférez dans un bol.

2 Chauffez le reste d'huile dans la poêle, ajoutez les feuilles de *pak-choï* et cuisez 2 à 3 minutes jusqu'à ce qu'elles soient ramollies.

3 Trempez une crêpe de riz dans un bol d'eau bouillante et laissez-la ramollir 20 à 30 secondes. Sortez-la et mettez-la sur un linge à vaisselle. Dépliez une des feuilles de *pak-choï* et mettez-la au centre de la crêpe. Couvrez avec un huitième du mélange de légumes, en gardant les juliennes dans le même sens autant que possible. Ajoutez quelques tiges de coriandre. Pliez les bouts de la crêpe, roulez-la fermement et déposez dans un plat. Répétez pour faire huit crêpes en tout. Couvrez avec une pellicule plastique et laissez en attente. Servez dans l'heure.

4 Pendant ce temps, préparez la sauce. Mettez les prunes hachées dans une petite casserole avec l'eau, couvrez et cuisez 5 minutes jusqu'à ce qu'elles soient moelleuses. Réduisez les prunes en purée avec la sauce soya, puis mêlez le *wasabi* et le sucre au goût.

5 Disposez les crêpes sur des assiettes de service, garnissez avec les brins de coriandre qui restent et servez avec des petits bols de sauce pour tremper.

Matières grasses : 6 g
Glucides : 27 g
Protéines : 4 g
Énergie : 176 cal (734 kj)

Risotto à la roquette

Temps de préparation : **5 minutes**
Temps de cuisson :
  20 à 25 minutes
Donne **4 portions**

1 cuillère à thé d'huile d'olive
1 oignon, finement haché
300 g (10 onces) de riz *arborio*
1 L (4 tasses) de bouillon
  de légumes
50 g (2 onces) de feuilles
  de roquette
Sel et poivre

[*L'arborio* est un riz blanc rond essentiel au *risotto* italien. On le considère comme l'un des riz les plus fins, parce qu'il absorbe beaucoup de liquide de cuisson sans trop amollir.]

1 Chauffez l'huile dans une grande poêle à frire à revêtement antiadhésif ou un wok. Ajoutez l'oignon et faites frire quelques minutes, jusqu'à ce qu'il soit attendri, puis versez le riz et brassez bien pour enrober les grains.

2 Sur un feu à intensité moyenne, ajoutez graduellement le bouillon de légumes, une pleine louche à la fois. Brassez pendant que le liquide est absorbé par le riz et continuez d'ajouter le bouillon un peu à la fois jusqu'à ce qu'il soit tout absorbé. Cela prendra environ 20 minutes. Mêlez les feuilles de roquette, mais réservez-en 4 pour garnir, et cuisez brièvement jusqu'à ce que les feuilles commencent à flétrir. Salez et poivrez au goût. Servez chaque portion de *risotto* garnie d'une feuille de roquette.

Matières grasses : 1 g
Glucides : 63 g
Protéines : 6 g
Énergie : 290 cal (1222 kj)

Salade de couscous à l'orange et aux amandes

Temps de préparation :
   15 minutes, plus le temps
   de repos
Temps de cuisson : **5 minutes**
Donne **6 portions**

250 ml (1 tasse) de jus de pomme
175 g (6 onces) de couscous
½ piment rouge, cœur et pépins
   enlevés, coupé en dés
4 cuillères à table de persil, haché
3 cuillères à table de menthe,
   hachée
25 g (1 once) de raisins secs
2 oranges, en quartiers
1 oignon rouge, tranché
25 g (1 once) d'amandes émincées,
   pour garnir

Vinaigrette au citron
Jus de 1 orange
Jus de 1 citron ou 1 lime
2 cuillères à thé d'huile d'olive
   ou de noisettes
1 cuillère à thé de miel liquide

1 Mettez le jus de pomme dans une casserole et amenez à ébullition. Incorporez lentement le couscous en brassant. Ôtez la casserole du feu, couvrez et laissez reposer 10 minutes. Défaites le couscous avec une cuillère pour l'alléger.

2 Ajoutez le piment rouge, les herbes et les raisins secs au couscous. Brassez pour mélanger. Transférez dans un bol de service et éparpillez les quartiers d'orange et l'oignon sur le dessus.

3 Préparez la vinaigrette. Mettez tous les ingrédients dans une petite casserole et chauffez à feu doux pour fondre le miel. Ne laissez pas bouillir le mélange. Arrosez la salade avec la préparation et servez-la décorée d'amandes.

[L'huile de noisettes est reconnue pour la finesse de son goût et de son parfum. Elle renferme des acides gras mono-insaturés qui la rendent utilisable aussi bien à froid que pour la cuisson à feu doux. Elle est très riche en vitamine E, un antioxydant qui freine le vieillissement des cellules.]

Matières grasses : 4 g
Glucides : 32 g
Protéines : 4 g
Énergie : 170 cal (720 kj)

Tartelettes de poireau à la pâte filo

Temps de préparation :
20 minutes, plus le temps
de repos
Temps de cuisson : **30 minutes**
Donne **4 portions**

8 tomates séchées au soleil
2 poireaux, finement tranchés
250 ml (1 tasse) de vin blanc
2 cuillères à table de lait écrémé
1 petit œuf, séparé
50 g (2 onces) de fromage mou à
faible teneur en gras
12 morceaux de pâte filo, de
15 cm (6 pouces) environ
chacun
Sel et poivre

1 Mettez les tomates dans un petit bol et versez dessus assez d'eau bouillante pour les couvrir. Laissez de côté 20 minutes.

2 Pendant ce temps, mettez les poireaux dans une casserole avec le vin blanc. Amenez le vin à ébullition et cuisez à feu doux jusqu'à ce qu'il soit évaporé. Ôtez les poireaux du feu et ajoutez en brassant le lait, le jaune d'œuf et le fromage. Salez et poivrez.

3 Brossez un carré de pâte d'un peu de blanc d'œuf et servez-vous-en pour couvrir le fond et les côtés d'une assiette à tartelette de 10 cm (4 pouces). Brossez deux autres carrés et étendez-les sur le dessus, chacun légèrement décalé par rapport au précédent, afin que les bouts retombent par-dessus le rebord. Préparez trois autres assiettes à tartelette de la même façon pour utiliser tous les carrés de pâte.

4 Mettez une pleine cuillerée du mélange de poireaux dans chaque moule. Étendez deux tomates réhydratées sur le dessus de chaque tartelette et couvrez avec le reste du mélange de poireaux. Assaisonnez de nouveau et cuisez au four préchauffé à 200 °C (400 °F), thermostat 6, durant 20 minutes, en couvrant les tartelettes avec une feuille de papier d'aluminium à mi-cuisson.

Matières grasses : 5 g
Glucides : 7 g
Protéines : 5 g
Énergie : 135 cal (565 kj)

Desserts

Glace aux canneberges

Temps de préparation :
10 minutes, plus le temps
de congélation
Temps de cuisson : **10 minutes**
Donne **4 portions**

375 ml (1½ tasse) de jus de
canneberges
100 g (3½ onces) de sucre
en poudre
125 g (4 onces) de canneberges
(décongelées, si surgelées)
3 cuillères à table de zeste
d'orange finement râpé

Pour décorer
Brins de menthe
Canneberges givrées de sucre

1 Mettez le jus de canneberges et le sucre dans une casserole et chauffez à feu doux jusqu'à ce que le sucre soit complètement dissout. Amenez à ébullition et laissez mijoter 5 minutes. Retirez la casserole du feu et ajoutez les canneberges et le zeste d'orange en brassant. Laissez refroidir complètement le mélange.

2 Versez le mélange dans un contenant peu profond et mettez au congélateur jusqu'à ce qu'environ 2,5 cm (1 pouce) du mélange, tout autour, soit ferme. Videz le mélange semi-congelé dans un bol, battez bien pour briser les cristaux de glace, puis remettez le mélange dans le contenant et au congélateur jusqu'à ce qu'il soit semi-congelé. Battez de nouveau et congelez jusqu'à ce qu'il soit ferme. L'autre méthode consiste à mettre le mélange dans une sorbetière et à le baratter jusqu'à ce qu'il soit épais et congelé. Transférez dans un contenant et congelez jusqu'à ce qu'il soit ferme.

3 Enlevez la glace aux canneberges du congélateur et laissez-la ramollir à la température de la pièce 15 minutes avant de servir. Mettez la glace dans des bols et servez décorée de brins de menthe et de canneberges givrées.

Matières grasses : 0 g
Glucides : 29 g
Protéines : 0 g
Énergie : 110 cal (470 kj)

Sorbet à la mangue et aux clémentines

Temps de préparation :
25 minutes, plus le temps
de congélation
Temps de cuisson : **10 minutes**
Donne **6 portions**

250 ml (1 tasse) d'eau
50 g (2 onces) de sucre de canne
blond
500 g (1 livre) de clémentines,
environ 7 en tout, coupées en
moitiés
2 grosses mangues
1 blanc d'œuf
Le zeste râpé et le jus de 1 lime

1 Mettez la mesure d'eau dans une petite casserole et ajoutez le sucre. Amenez à ébullition à feu doux et chauffez jusqu'à ce que le sucre soit dissout. Retirez la casserole du feu et laissez refroidir le sirop.

2 Extrayez le jus des clémentines. Enlevez le noyau et pelez une des mangues et réduisez la chair en purée jusqu'à ce qu'elle soit onctueuse. Ajoutez la purée de mangue et le jus de clémentine au sirop refroidi en mêlant bien.

3 Versez le mélange dans un contenant en plastique, couvrez et congélez 2 à 3 heures jusqu'à ce qu'il soit semi-congelé. Battez bien avec une fourchette ou passez au mélangeur, puis congelez et battez de nouveau. Ajoutez en mêlant le blanc d'œuf et congelez le mélange jusqu'à ce qu'il soit solide. Si vous avez une sorbetière, baratter le mélange 20 à 30 minutes jusqu'à ce que le sorbet soit épais. Ajoutez le blanc d'œuf et continuez de baratter jusqu'à ce que le sorbet soit bien mêlé et assez épais pour être servi à la cuillère. Servez immédiatement ou transférez à un contenant en plastique et congelez jusqu'au moment de servir.

4 Sortez le sorbet du congélateur et laissez-le ramollir à la température de la pièce 15 minutes, avant de le servir. Tranchez la mangue restante et roulez les tranches dans le mélange de jus de lime et de zeste. Mettez le sorbet dans des assiettes et servez garni des tranches de mangue.

Matières grasses : 0 g
Glucides : 23 g
Protéines : 2 g
Énergie : 95 cal (404 kj)

Granité de champagne aux fraises sauvages

Temps de préparation :
25 minutes, plus le temps
de congélation
Donne **6 portions**

40 g (1½ once) de sucre à fruits
150 ml (⅔ tasse) d'eau bouillante
375 ml (1½ tasse) de champagne
semi-sec
150 g (5 onces) de fraises alpines
ou sauvages

1 Mêlez le sucre à l'eau bouillante jusqu'à ce qu'il soit dissout. Laissez refroidir.

2 Mêlez le sirop de sucre et le champagne et versez le mélange dans un moule à cuisson peu profond à revêtement antiadhésif, afin que le mélange versé n'ait pas plus de 2,5 cm (1 pouce) d'épaisseur.

3 Congelez le mélange 2 heures jusqu'à ce qu'il soit pâteux, puis brisez les cristaux de glace avec une fourchette. Remettez au congélateur 2 heures de plus, en battant toutes les 30 minutes, jusqu'à ce qu'il se forme de fins cristaux de glace.

4 Pour servir, mettez le granité et les fraises dans d'élégants verres.

Matières grasses : 0 g
Glucides : 9 g
Protéines : 0 g
Énergie : 80 cal (337 kj)

Gelées de Pimm's à la limonade glacée

Temps de préparation :
20 minutes, plus le temps
de refroidissement
Temps de cuisson : **4 à 5 minutes**
Donne **6 portions**

3 cuillères à table d'eau
3 cuillères à thé de gélatine en
  poudre
1 pomme à dessert, cœur enlevé,
  coupée en dés
1 cuillère à table de jus de citron
250 g (8 onces) de fraises,
  équeutées et tranchées
1 pêche, coupée en moitié,
  dénoyautée et coupée en dés
1 orange, pelée et coupée en
  quartiers
150 ml (²/₃ tasse) de Pimm's No 1
500 ml (2 tasses) de limonade
  sans sucre, refroidie

Pour décorer
Tranches de pêches
Fraises, équeutées et coupées
  en deux
Brins de menthe ou fleurs de
  bourrache
Boucles de zeste d'orange

[Le Pimm's No 1 est une boisson
à base de gin, assaisonnée de
fruits et d'épices, qui a été
inventée au début du XIXᵉ siècle
à Londres comme boisson santé.]

1 Mettez la mesure d'eau dans un petit bol résistant à la chaleur et saupoudrez la gélatine sur le dessus, en vous assurant que toute la poudre est absorbée par l'eau. Laissez tremper 5 minutes. Placez le bol dans une petite casserole d'eau qui mijote lentement de façon à ce que l'eau atteigne la mi-hauteur des côtés du bol. Chauffez 4 à 5 minutes jusqu'à ce que la gélatine soit dissoute et le liquide, clair.

2 Pendant ce temps, mettez les morceaux de pomme dans un bol et brassez avec le jus de citron. Ajoutez les autres fruits, mêlez et répartissez dans 6 verres.

3 Brassez la gélatine dans le Pimm's et, lentement, mélangez-y la limonade. Versez le mélange sur les fruits dans les verres. Transférez ceux-ci au réfrigérateur et laissez-les refroidir au moins 4 heures.

4 Avant de servir, décorez le dessus des verres de tranches de pêches, de moitiés de fraises, de brins de menthe ou de fleurs de bourrache et de boucles de zeste d'orange. Pour faire les boucles de zeste d'orange, utilisez un couteau à canneler pour découper le zeste en bandes, puis enroulez celles-ci autour d'une brochette ou du manche d'une cuillère de bois. Après 1 à 2 minutes, retirez les boucles en les faisant glisser.

Matières grasses : 0 g
Glucides : 10 g
Protéines : 2 g
Énergie : 85 cal (357 kj)

Sabayon à la menthe et aux bleuets

Temps de préparation :
10 minutes
Temps de cuisson :
7 à 8 minutes
Donne **6 portions**

4 jaunes d'œufs
3 cuillères à table de sucre de
    canne blond
125 ml (½ tasse) de vin blanc sucré
    ou de *sherry*
150 g (5 onces) de bleuets, et plus
    pour décorer
4 cuillères à thé de menthe,
    hachée, et plus pour décorer

[Ce dessert est traditionnellement
servi avec des figues fraîches.
Bien qu'il soit appelé sabayon en
français, il est originaire d'Italie
où son nom est *zabaione*.]

1 Mettez les jaunes d'œufs et le sucre dans un grand bol placé sur une casserole d'eau chaude. Servez-vous d'un batteur à main électrique ou d'un fouet pour battre les jaunes et le sucre 2 à 3 minutes jusqu'à ce qu'ils soient épais et pâles.

2 En battant, introduisez le vin blanc, ou le *sherry*, petit à petit, et continuez de battre 5 minutes jusqu'à ce que le mélange soit léger, épais et mousseux.

3 Réchauffez les bleuets dans une petite casserole avec 1 cuillère à table d'eau et mettez-les à la cuillère dans le fond de 6 petits verres. Battez la menthe dans le mélange mousseux de vin et versez-le sur les bleuets. Placez les verres dans de petites assiettes ou un cabaret et disposez quelques bleuets supplémentaires tout autour. Décorez le dessus d'un peu de menthe hachée et servez immédiatement.

Matières grasses : 3 g
Glucides : 10 g
Protéines : 2 g
Énergie : 85 cal (356 kj)

Salade chinoise épicée au citron

Temps de préparation :
15 minutes, plus le temps
de refroidissement
Temps de cuisson : **15 minutes**
Donne **4 portions**

3 oranges, pelées et épépinées,
séparées en quartiers
1 pamplemousse rose, pelé et
épépiné, séparé en quartiers
1 banane, finement tranchée
150 ml (²/₃ tasse) de crème fraîche
à faible teneur en gras, pour
servir

Sirop
1 clou de girofle
¼ cuillère à thé de cinq épices
moulues
Zeste de 1 lime
1 gousse de vanille, fendue dans le
sens de la longueur
¼ cuillère à thé de racine de
gingembre frais, râpée
300 ml (1¼ tasse) d'eau

Pour décorer
1 cuillère à table de menthe,
finement hachée
Les graines d'une grenade

1 Préparez le sirop. Combinez tous les ingrédients dans une casserole à revêtement antiadhésif, amenez à ébullition et laissez cuire à feu doux 3 à 5 minutes. Enlevez la casserole du feu et laissez le sirop infuser et refroidir.

2 Pendant ce temps, mêlez les quartiers d'orange et de pamplemousse dans un joli plat de service en verre. Ajoutez les tranches de banane.

3 Passez le sirop dans une passoire pour enlever les morceaux, puis versez sur les fruits.

4 Laissez la salade refroidir au réfrigérateur 2 à 3 heures. Servez avec de la crème fraîche et décorez de menthe finement hachée et de graines de grenade.

Matières grasses : 6 g
Glucides : 25 g
Protéines : 4 g
Énergie : 163 cal (688 kj)

Quartiers d'ananas à la créole

Temps de préparation :
10 minutes
Temps de cuisson :
8 à 10 minutes
Donne **4 portions**

1 petit ananas, environ 1,25 kg
   (2½ livres)
1 cuillère à table de rhum brun
Jus de 1 lime
15 g (½ once) de graines de
   sésame

1 Coupez l'ananas dans le sens de la longueur, d'abord en deux et ensuite en quartiers en laissant les feuilles intactes. Les morceaux devraient avoir environ 1 cm (½ pouce) d'épaisseur ; il pourrait être nécessaire de diviser les quartiers de nouveau.

2 Mêlez le rhum brun et le jus de lime et arrosez de ce mélange les tranches d'ananas.

3 Grillez l'ananas sous un gril très chaud, préchauffé, 8 à 10 minutes, en tournant les quartiers pour s'assurer d'une cuisson égale. Servez immédiatement, saupoudrés de graines de sésame.

Matières grasses : 3 g
Glucides : 32 g
Protéines : 2 g
Énergie : 159 cal (679 kj)

Pêches au safran au four avec mangue et crème

Temps de préparation :
15 minutes
Temps de cuisson : **15 minutes**
Donne **4 portions**

2 grosses pêches, pas tout à fait
   mûres, coupées en moitié,
   dénoyautées
15 g (½ once) de pistaches,
   coupées en deux
Quelques brins de safran
Quelques gouttes d'essence
   d'amandes
30 g (1¼ once) de céréales
   d'avoine croustillantes
2 cuillères à table de jus d'orange
5 cm (2 pouces) de bâtonnet de
   cannelle, brisé en 8 morceaux

Pour servir
75 ml (⅓ tasse) de crème de table
½ mangue pas tout à fait mûre,
   tranchée finement
1 cuillère à thé de chocolat noir,
   râpé (facultatif)

1 À la cuillère, enlevez une partie de la chair des moitiés de pêches et hachez-la finement. Mettez les moitiés de pêches, la peau vers le bas, dans un plat à cuisson légèrement huilé.

2 Mêlez la chair des pêches hachée, les pistaches, le safran, l'essence d'amandes, les céréales d'avoine et le jus d'orange et remplissez à la cuillère, délicatement, les moitiés de pêches.

3 Enfoncez les morceaux de cannelle dans les morceaux de pêches et cuisez-les, non couvertes, au four préchauffé, à 180 °C (350 °F), thermostat 4, durant 15 minutes.

4 Disposez soigneusement une moitié de pêche par assiette à dessert et versez de la crème sur le côté de chaque pêche. Servez avec les tranches de mangue, saupoudrées de chocolat râpé, si désiré.

Matières grasses : 6 g
Glucides : 16 g
Protéines : 3 g
Énergie : 130 cal (547 kj)

Pavlova à la mangue et à l'ananas

Temps de préparation :
20 minutes
Temps de cuisson : **1 heure**
Donne **4 portions**

3 blancs d'œufs
175 g (6 onces) de sucre en poudre
1 cuillère à thé de café noir fort
250 g (8 onces) de fromage frais à
    très faible teneur en gras
125 g (4 onces) de mangue, en dés
125 g (4 onces) d'ananas frais,
    coupés en morceaux
1 à 2 fruits de la passion

[L'Australie et la Nouvelle-Zélande se disputent toujours la paternité du dessert à base de la meringue nommé en l'honneur d'Anna Matveievna Pavlova (1881-1931), une ballerine russe extraordinaire qui a été un mythe de la danse classique dans le monde entier.]

1 Battez les blancs d'œufs en neige dans un bol jusqu'à ce qu'ils soient fermes. Ajoutez, en pliant, 1 cuillère à table de sucre, puis ajoutez graduellement le reste en fouettant. La meringue doit être brillante et former des pics quand on la laisse tomber à la cuillère dans le bol. Ajoutez le café en pliant.

2 Sur une grande feuille de papier parchemin, ou sur un papier sulfurisé, étendez le mélange de meringue en forme de rond de 20 cm (8 pouces) de diamètre. Faites un léger creux au centre de la meringue et cuisez-la au four préchauffé à 120 °C (250 °F), thermostat ½, durant 1 heure, jusqu'à ce qu'elle soit croquante. Sortez la meringue du four et laissez-la refroidir environ 10 minutes avant d'enlever le papier.

3 Quand la meringue est froide, remplissez le creux de fromage frais. Disposez la mangue et l'ananas sur le dessus, puis parsemez-les à la volée de graines de fruits de la passion. Arrosez le tout du jus des fruits de la passion.

Matières grasses : 1 g
Glucides : 58 g
Protéines : 8 g
Énergie : 250 cal (1069 kj)

Mini shortcakes aux fraises

Temps de préparation :
20 minutes, plus le temps
de refroidissement
Donne **4 portions**

8 biscuits digestifs à faible teneur
en gras
4 cuillères à thé de confiture de
fraises à taux de sucre réduit
250 g (8 onces) de fromage à la
crème à très faible teneur en gras
2 cuillères à thé de sucre à glacer
250 g (8 onces) de fraises
Sucre à glacer, pour garnir

1 Équeutez et tranchez les fraises ; réservez-en 4 pour la décoration. Taillez en éventail les 4 fraises restantes.

2 Étendez 1 cuillère à thé de confiture de fraises sur un biscuit digestif. Battez le fromage à la crème pour le ramollir et ajoutez le sucre en poudre en brassant, puis étendez un quart de la garniture sur le biscuit. Couchez quelques tranches de fraises sur le dessus du fromage, puis couvrez d'un deuxième biscuit. Disposez une fraise en éventail sur le dessus et saupoudrez de sucre en poudre.

3 Répétez pour préparer 3 autres *shortcakes*. Refroidissez au moins 1 heure avant de servir.

Matières grasses : 5 g
Glucides : 29 g
Protéines : 7 g
Énergie : 187 cal (789 kj)

Crème brûlée trompeuse à la mangue et au fruit de la passion

Temps de préparation :
  10 minutes, plus le temps
  de refroidissement
Temps de cuisson : **2 minutes**
Donne **4 portions**

1 petite mangue, pelée,
  dénoyautée et tranchée mince
2 fruits de la passion, la chair
  retirée à la cuillère
300 ml (1¼ tasse) de yogourt
  nature à faible teneur en gras
250 ml (1 tasse) de crème fraîche
1 cuillère à table de sucre à glacer
Quelques gouttes d'essence de
  vanille
2 cuillères à table de sucre
  demerara

1 Divisez les tranches de mangue entre 4 ramequins.

2 Dans un bol, mêlez la chair des fruits de la passion, le yogourt, la crème fraîche, le sucre en poudre et l'essence de vanille puis, à la cuillère, mettez le mélange sur les mangues. Égalisez la surface de chaque ramequin.

3 Saupoudrez la surface de sucre *demerara* et cuisez les crèmes brûlées sous un gril très chaud préchauffé 1 à 2 minutes jusqu'à ce que le sucre ait fondu. Refroidissez environ 30 minutes avant de servir.

Matières grasses : 5 g
Glucides : 19 g
Protéines : 5 g
Énergie : 131 cal (541 kj)

Soufflés au chocolat

Temps de préparation :
10 minutes
Temps de cuisson : **12 minutes**
Donne **6 portions**

Huile végétale, pour graisser
75 ml (⅓ tasse) de jus d'orange
75 g (3 onces) de sucre en poudre
4 gros blancs d'œufs
25 g (1 once) de poudre de cacao
   non sucré
2 cuillères à table de liqueur
   d'orange
125 ml (½ tasse) de crème glacée à
   la vanille à faible teneur en gras,
   ramollie

1 Graissez légèrement 6 petits moules avec de l'huile. Dans une petite casserole, chauffez le jus d'orange et le sucre 3 à 4 minutes sur feu moyen fort, en brassant de temps à autre, jusqu'à ce que le mélange soit de consistance sirupeuse. Retirez la casserole du feu.

2 Dans un grand bol, battez les blancs d'œufs jusqu'à ce qu'ils soient fermes, mais arrêtez avant qu'ils forment des pics fermes et secs. Versez le sirop sur les blancs d'œufs et battez 2 minutes. Ajoutez le cacao et la liqueur et battez un court instant jusqu'à ce que tout soit bien mêlé.

3 Versez le mélange dans les petits moules préparés et cuisez au four préchauffé à 220 °C (425 °F), thermostat 7, durant 8 à 10 minutes ou jusqu'à ce que les soufflés aient gonflé. Ne cuisez pas trop longtemps, sinon les soufflés durciront.

4 À la cuillère, disposez 2 cuillères à table de crème glacée au centre de chaque soufflé et servez immédiatement.

Matières grasses : 3 g
Glucides : 19 g
Protéines : 3 g
Énergie : 116 cal (489 kj)

Flan français aux pommes

Temps de préparation :
15 minutes, plus le temps
de refroidissement
Temps de cuisson :
35 à 40 minutes
Donne **10 portions**

150 g (5 onces) de farine
tout usage
50 g (2 onces) de beurre
50 g (2 onces) de sucre en poudre
1 œuf et 1 blanc d'œuf,
battus ensemble
Quelques gouttes d'essence
de vanille
1 kg (2 livres) de pommes à
cuisson, pelées, cœur enlevé,
finement tranchées et réduites
en purée
2 pommes rouges, à dessert,
tranchées finement
50 g (2 onces) de sucre en poudre
4 cuillères à table de confiture
d'abricot
2 cuillères à table de jus de citron

1 Préparez la pâte. Tamisez la farine sur une surface de travail fraîche, faites un puits au centre et ajoutez le beurre, 50 g de sucre, l'œuf et le blanc d'œuf et l'essence de vanille. En vous servant du bout des doigts d'une seule main, travaillez ensemble tous ces ingrédients, puis amenez la farine dans le mélange. Pétrissez légèrement jusqu'à obtenir une consistance homogène, puis couvrez et refroidissez 1 heure.

2 Sur une surface de travail enfarinée, roulez la pâte pour qu'elle soit mince, puis servez-vous-en pour foncer un moule à flan cannelé de 25 cm (10 pouces) légèrement graissé.

3 Remplissez la pâte de purée de pommes et disposez une couche de tranches de pommes qui se chevauchent sur le dessus. Saupoudrez de l'autre 50 g de sucre et cuisez au four préchauffé à 190 °C (375 °F), thermostat 5, durant 35 à 40 minutes.

4 Pendant ce temps, chauffez la confiture avec le jus de citron. Tamisez le mélange et étendez-le au pinceau sur les tranches de pommes. Servez le flan chaud ou froid.

Matières grasses : 5 g
Glucides : 41 g
Protéines : 3 g
Énergie : 211 cal (889 kj)

Index

A

Aiglefin : brochettes de poisson
à la citronnelle 54
Ailes de raie saisies aux câpres 44
Ananas
Pavlova à la mangue et à
l'ananas 118
Quartiers d'ananas à la créole 115
Aubergines et pain grillé au chili 20

B

Bar grillé à la sauce tomate 45
Bifteck au poivre vert 68
Blé bulgur
Salade de blé bulgur avec yogourt
épicé 24
Sardines grillées avec taboulé 50
Bleuets, sabayon à la menthe et 112
Bœuf
Bifteck au poivre vert 68
Bœuf au curry vert 72
Bœuf au poivre et salade verte
au raifort 66
Boulettes de viande russes 70
Brochettes de poisson à
la citronnelle 54
Brochettes de poulet au noir 78

C

Calmars, zarzuela de moules, de
morue et 58
Canard infusé au thé avec salade
flambée de pak-choï 82
Canneberges, glace aux 106
Casseroles 84-86
Casserole de gibier 84
Champagne, granité aux fraises
sauvages et 109
Champignons
Champignons au four 18
Crêpes aux champignons 94
Shish-kebabs de lotte à la thaïlandaise
et aux champignons 52
Soupe piquante et aigre aux
champignons 14
Chili
Aubergines et pain grillé au chili 20
Plie en papillote avec fenouil
et chili 48
Purée de patates douces et chili 36
Sorbet au melon et chili avec jambon
Serrano et melon 38
Citron, salade chinoise épicée au 114

Clémentines, sorbet à la
mangue et 108
Collations 7
Concombre, dhal de lentilles corail
et raïta de 22
Courge : soupe à la courge musquée
et au romarin 12
Couscous à l'orange et aux amandes,
salade de 100
Crème brûlée trompeuse à la mangue et
au fruit de la passion 120
Crevettes
Crevettes au curry du Kerala 55
Crevettes au piri-piri 60
Jambalaya au riz sauvage 56
Curry
Bœuf au curry vert 72
Crevettes au curry du Kerala 55
Curry de poulet aux bébés épinards 74
Curry rapide de haricots rouges et
coriandre 96

D

Desserts 104 à 125

E

Écrins de poulet thaï au riz à la noix de
coco et coriandre 80
Épinards : curry de poulet aux bébés
épinards 74

F

Fenouil
Foies de poulet poêlés au fenouil 79
Plie en papillote avec fenouil
et chili 48
Figues miellées aux framboises et
fromage de chèvre 32
Flan français aux pommes 125
Flétan frit avec salsa à la papaye et
à la coriandre 46
Fraises
Granité de champagne aux fraises
sauvages 109
Mini shortcakes aux fraises 119
Foies de poulet poêlés au fenouil 79
Framboises, figues miellées au fromage
de chèvre et 32
Fromage
Figues miellées aux framboises et
fromage de chèvre 32
Tartelettes de poireau à la
pâte filo 103

Fruits de la passion : crème brûlée
trompeuse à la mangue et 120
Fruits de mer et poissons 40 à 63

G

Gelées
Gelées de Bloody Mary 23
Gelées de Pimm's à la limonade
glacée 110
Glace aux canneberges 106
Granité de champagne aux fraises
sauvages 109
Gras saturé 6-7
Grenade, salade de mesclun à 29

H

Haricots
Curry rapide de haricots rouges et
coriandre 96
Haricots verts caramélisés 35
Pétoncles frits avec purée de haricots
et poireaux 62
Haricots : pétoncles frits avec
purée de 62

J

Jambalaya au riz sauvage 56
Jambon : sorbet au melon et chili avec
jambon Serrano et melon 38

L

Lapin aux herbes en cocotte 86
Légumes
Rouleaux vietnamiens aux légumes 97
Soupe aux légumes racines rôtis 17
Lentilles
Dhal de lentilles corail et raïta
de concombre 22
Poitrines de poulet farcies aux lentilles
du Puy et au cresson 75
Salade de lentilles à la salsa verte 28
Limonade, gelées de Pimm's à 110
Lotte, shish-kebabs aux
champignons et 52

M

Maïs miniatures à la coriandre prêts en
cinq minutes 37
Mangues
Crème brûlée trompeuse à la mangue
et au fruit de la passion 120
Pavlova à la mangue et
à l'ananas 118

Pêches au safran au four avec
mangue et crème 116
Sorbet à la mangue et aux
clémentines 108
Matières grasses, réduire 6-7
Melon : sorbet au melon et chili avec
jambon Serrano et melon 38
Menthe, sabayon aux bleuets et 112
Meringue : pavlova à la mangue et à
l'ananas 118
Miel : figues aux framboises et fromage
de chèvre 32
Mini shortcakes aux fraises 119
Miso, soupe rapide et facile 13
Morue
Morue rôtie à la masala 42
Zarzuela de moules, calmar et 58
Moules
Moules catalanes 61
Zarzuela de moules, calmar
et morue 58

O
Oranges
Salade chinoise épicée au citron 114
Salade de couscous à l'orange et
aux amandes 100

P
Pak-choï : canard infusé au thé avec
salade flambée de pak-choï 82
Pamplemousse
Salade chinoise épicée au citron 114
Papaye, flétan frit avec salsa à la
coriandre et 46
Patates douces
Poulet carnaval et purée de patate
douce 73
Poulet jerk très piquant aux quartiers
de patate douce 76
Purée de patates douces et chili 36
Pavlova à la mangue et à l'ananas 118
Pêches au safran au four avec mangue
et crème 116
Pétoncles frits avec purée de haricots et
poireaux 62
Pimm's, gelées à la limonade glacée 110
Plats végétariens 90 à 103
Plie en papillote avec fenouil
et chili 48
Poireaux
Pétoncles frits avec purée de haricots
et poireaux 62
Tartelettes de poireau à la pâte
filo 103
Poissons et fruits de mer 40 à 63

Poivrons
Poivrons méditerranéens 19
Soupe au poivron rouge et au
gingembre 10
Pommes, flan français aux 125
Poulet
Brochettes de poulet au noir 78
Curry de poulet aux bébés
épinards 74
Écrins de poulet thaï au riz à la noix
de coco et coriandre 80
Foies de poulet poêlés au fenouil 79
Poitrines de poulet farcies aux
lentilles du Puy et au cresson 75
Poulet carnaval et purée de patate
douce 73
Poulet jerk très piquant aux quartiers
de patate douce 76
Purée de patates douces et chili 36

Q
Quartiers d'ananas à la créole 115

R
Ragoût de dinde 89
Raïta de concombre 22
Rapide, soupe au miso facile et 13
Risotto à la roquette 98
Riz
Écrins de poulet thaï au riz à la noix
de coco et coriandre 80
Jambalaya au riz sauvage 56
Risotto à la roquette 98
Riz basmati parfumé à la cannelle 34
Rouleaux vietnamiens aux légumes 97

S
Sabayon à la menthe et aux bleuets
112
Salades
Canard infusé au thé avec salade
flambée de pak-choï 82
Salade chaude de courgettes et
de lime 30
Salade chinoise épicée au citron 114
Salade de blé bulgur avec yogourt
épicé 24
Salade de couscous à l'orange et
aux amandes 100
Salade de lentilles à la salsa verte 28
Salade de mesclun à la grenade 29
Salade de pois chiches et d'olives 26
Sardines grillées avec taboulé 50
Sauce aux prunes et au wasabi,
rouleaux vietnamiens aux légumes
avec 97

Sorbets
Sorbet au melon et chili 38
Sorbet à la mangue et aux
clémentines 108
Soufflé au chocolat 122
Soupes
Soupe à la courge musquée et
au romarin 12
Soupe au miso rapide et facile 13
Soupe au poivron rouge et
au gingembre 10
Soupe aux légumes racines rôtis 17
Soupe piquante et aigre aux
champignons 14
Spaghetti et vinaigrette
aux herbes 92
Shish-kebabs 52, 54, 78
Shish-kebabs de lotte à la thaïlandaise
et aux champignons 52

T
Taboulé, sardines grillées avec 50
Tartes
Flan français aux pommes 125
Tartelettes de poireau
à la pâte filo 103
Thé : canard infusé avec salade flambée
de pak-choï 82
Thon grillé et jus d'échalotes 51
Tofu : soupe au miso rapide
et facile 13
Tomates
Bar grillé à la sauce tomate 45
Boulettes de viande russes 70
Gelées de Bloody Mary 23

V
Vin
Granité de champagne aux fraises
sauvages 109
Sabayon à la menthe et aux
bleuets 112
Vodka : gelées de Bloody Mary 23

Y
Yogourt
Crème brûlée trompeuse à la mangue
et au fruit de la passion 120
Dhal de lentilles corail et raïta
de concombre 22
Salade de blé bulgur avec yogourt
épicé 24

Z
Zarzuela de moules, calmar et
morue 58

Remerciements

Photo de couverture : © Octopus Publishing Group Limited/Lis Parsons : recto haut gauche, recto bas gauche/William Reavell : verso bas droite/Simon Smith : recto haut droite, recto bas droite, verso haut gauche.

Octopus Publishing Group Limited/Frank Adam 19 ; /Stephen Conroy 2, 4, 5, 8-9, 29, 31, 39, 59, 67, 83, 109, 111, 113 ; /Sandra Lane 107 ; /Willaim Lingwood 96 ; /David Loftus 45 ; /Hilary Moore 123, 124 ; /Peter Myers 115 ; /Lis Parsons 1, 3, 7, 13, 21, 25, 27, 33, 34, 37, 47, 49, 63, 74, 77, 81, 85, 104-105, 117, 121 ; /William Reavell 53, 57, 101, 118 ; /Simon Smith 11, 15, 16, 40-41, 43, 51, 55, 61, 64-65, 69, 71, 72, 87, 88, 90-91, 93, 95, 99, 102 ; /Ian Wallace 79.